AUTONOMIA PATRIMONIAL DAS SOCIEDADES LIMITADAS VS. DESCONSIDERAÇÃO DA PERSONALIDADE JURÍDICA

CONTRACORRENTE

FERNANDO ANTONIO MAIA DA CUNHA

AUTONOMIA PATRIMONIAL DAS SOCIEDADES LIMITADAS VS. DESCONSIDERAÇÃO DA PERSONALIDADE JURÍDICA

Desafios e perspectivas da Lei de Liberdade Econômica (Lei n. 13.874 de 20 de setembro de 2019)

SÃO PAULO

2021

CONTRACORRENTE

Alameda Itu, 852 | 1º andar |
CEP 01421 002
www.loja-editoracontracorrente.com.br
contato@editoracontracorrente.com.br

EDITORES
Camila Almeida Janela Valim
Gustavo Marinho de Carvalho
Rafael Valim

EQUIPE EDITORIAL
COORDENAÇÃO DE PROJETO: Juliana Daglio
REVISÃO: Carla Maria Carreiro
REVISÃO TÉCNICA: João Machado
DIAGRAMAÇÃO E CAPA: Marina Avila

EQUIPE DE APOIO
Fabiana Celli
Carla Vasconcellos
Fernando Pereira
Lais do Vale
Valéria Pucci
Regina Gomes

Dados Internacionais de Catalogação na Publicação (CIP)
(Câmara Brasileira do Livro, SP, Brasil)

Cunha, Fernando Antonio Maia da
Autonomia patrimonial das sociedades limitadas : desconsideração da personalidade jurídica : desafios e perspectivas da lei de liberdade economica (lei nº 13.874 de 20 de setembro de 2019) / Fernando Antonio Maia da Cunha. -- São Paulo : Editora Contracorrente, 2021.

ISBN 978-65-88470-86-2

1. Economia 2. Direito empresarial
3. Jurisprudência - Brasil I. Título.

21-78338 CDU-34:338.93(81)

Índices para catálogo sistemático:

1. Brasil : Direito empresarial 34:338.93(81)

Aline Graziele Benitez - Bibliotecária - CRB-1/3129

@editoracontracorrente
Editora Contracorrente
@ContraEditora

SUMÁRIO

AGRADECIMENTOS

A experiência mostra que os trabalhos doutrinários demandam tempo e dependem sobremaneira daqueles que, juntamente com o autor, auxiliam nas pesquisas e no desenvolvimento dos trabalhos.

É preciso agradecer.

Na primeira fase deste trabalho, realizada durante o mestrado na PUC, quando ainda exercia o cargo de Desembargador do Tribunal de Justiça de São Paulo, com assento simultâneo na 4ª Câmara de Direito Privado e na 1ª Câmara Reservada de Direito Empresarial, contei com a inestimável e preciosa colaboração da escrevente Renata Pascoallini, que era assistente jurídica no meu gabinete. O seu gosto pelos estudos, o ânimo para as pesquisas, a disposição para gastar tempo precioso, sem prejuízo do gabinete, deu ao trabalho a excelência que permitiu a nota máxima da ilustrada banca examinadora formada pelos professores doutores Fábio Ulhoa Coelho (orientador), Manoel de Queiroz Pereira Calças e Manoel Justino Bezerra Filho.

Na segunda fase, que teve a missão de ampliar a pesquisa sobre a autonomia patrimonial e a desconsideração da personalidade jurídica, para que ficasse ainda mais consistente no tocante aos seus princípios, surgimento, causas e efeitos, com acréscimo dos comentários acerca da Lei de Liberdade Econômica (Lei n. 13.784, de 20.09.2019) e sua incidência nos institutos tratados nesta obra, contei com a valiosa ajuda do jovem e talentoso advogado Octavio Valverde Gutierrez, integrante do escritório Warde Advogados, o que permitiu novas pesquisas e o acréscimo da influência da LLE nos institutos da autonomia patrimonial e desconsideração da personalidade jurídica.

Não posso, nunca, deixar de agradecer o amor e a paciência das minhas filhas, Fernanda Del Compari Maia da Cunha e Adriana Del Compari Maia da Cunha. Nas duas fases do projeto, como sempre e em tudo, não só me incentivaram e apoiaram, mas estiveram comigo sem reclamar do tempo que, dedicado ao trabalho e aos estudos, não pude aproveitar de suas companhias em vários momentos da vida.

NOTA DO AUTOR

Este livro tem origem na dissertação apresentada com base nas pesquisas feitas por ocasião do mestrado realizado na PUC/SP, sob a orientação do Professor Fábio Ulhoa Coelho.

O projeto de pesquisa então apresentado visava, de um lado, identificar as posições consolidadas da doutrina e da jurisprudência a respeito da autonomia patrimonial das sociedades limitadas, suas exceções legais e, em especial, as decorrentes do uso da desconsideração da personalidade jurídica. De outro lado, visava realizar uma análise sobre a prevalência das exceções em relação à regra geral da não responsabilidade dos sócios, exceto até o limite do capital subscrito quando da sua constituição.

A importância do estudo e da pesquisa envolvendo a origem e o desenvolvimento da autonomia patrimonial e da desconsideração da personalidade jurídica, institutos essenciais à atividade empresarial majoritariamente exercida através da sociedade limitada, residia na verificação da prevalência de um e outro nos vários ramos do Direito, seus principais motivos, e, por fim, se havia algum caminho que conduzisse a um futuro mais sólido em relação ao tipo societário que tem na sua essência a separação patrimonial.

A dissertação apresentada no mestrado, embora não tenha se aprofundado no estudo do futuro da sociedade limitada, apontava para o declínio da autonomia patrimonial em virtude da completa prevalência, naquele momento (2012/2014), das exceções legais e do uso quase indiscriminado da desconsideração da personalidade jurídica.

A edição da Lei n. 13.874/2019, conhecida como Lei da Liberdade Econômica, cuja finalidade foi, em sentido amplo, a de trazer maior segurança para os investidores empresariais, poderia ter trazido um panorama mais adequado no trato das exceções ao instituto da autonomia patrimonial das sociedades limitadas. Foi pensando nessa possibilidade que surgiu a ideia de transformar a dissertação de mestrado nesta obra hoje apresentada à comunidade jurídica, com o acréscimo de um capítulo final destinado a identificar se, de fato, houve influência da lei em relação aos institutos tão caros às sociedades limitadas.

PREFÁCIO

A autonomia patrimonial das pessoas jurídicas é um poderoso instrumento de atração de investimentos. Por meio dele, riscos são alocados entre os agentes econômicos. Se a atividade empresarial não é bem-sucedida, por fatores alheios à vontade ou ao controle de quem a organizou, e sobrevém a insolvência, a *perda* pode ser imputada ao patrimônio do credor ou ao do titular da empresa. Quando a atividade empresarial é organizada por uma pessoa jurídica (sociedade empresária), a autonomia patrimonial aloca o risco da perda na esfera de interesses do credor; e se a organização da empresa é obra de uma pessoa natural (empresário individual), é dela o risco da perda.

Mas a autonomia patrimonial, como mecanismo de segregação de riscos, só pode ter a sua plena eficácia assegurada quando utilizada de modo correto pelo agente econômico. O abuso da forma da pessoa jurídica deve ser coibido, exatamente para fortalecer a autonomia patrimonial. O credor deve correr o risco da insolvência do devedor pessoa jurídica apenas quando o seu crédito não pode ser satisfeito, por razões de ordem exclusivamente econômica. Se houve fraude, a perda não deve ser suportada pelo credor. O mau uso da pessoa jurídica é coibido por meio da suspensão episódica dos efeitos da autonomia patrimonial; caso em que, sendo uma sociedade empresária a devedora, a obrigação é imputada ao patrimônio do sócio ou administrador responsável pela irregularidade. É a teoria da desconsideração da personalidade jurídica. O instituto tem sido adotado pelo Direito brasileiro há décadas, mas infelizmente vinha sendo aplicado pelos tribunais ao embalo de lamentáveis distorções.

A teoria foi apresentada ao Direito brasileiro por Rubens Requião em 1969, em conferência proferida na instituição em que o comercialista lecionava, a Faculdade de Direito da Universidade Federal do Paraná. Logo na estreia, pode-se vislumbrar uma impropriedade, na passagem em que Requião, a pretexto de mostrar a compatibilidade da teoria com o Direito brasileiro, fez referência ao art. 2°, § 2°, da Consolidação das Leis do Trabalho (CLT).[1] A rigor, a desconsideração é apenas uma das hipóteses de ineficácia da autonomia patrimonial. Quer dizer, há situações em que a autonomia patrimonial da pessoa jurídica não produz efeitos sem qualquer relação com a desconsideração e a prevista naquela norma do Direito do Trabalho é uma delas.

Nos anos 1970 e 1980, era bem reduzido o número de estudiosos do Direito que conheciam a teoria. São dessa época os primeiros textos acadêmicos sobre o tema.[2] E como acontece com lastimável frequência no meio jurídico brasileiro, as sutilezas da teoria não foram percebidas por todos.[3] Uma prova disso se vê na desastrosa formulação adotada pela Comissão Reale, no que seus membros consideravam ser a incorporação da teoria ao Anteprojeto de Código Civil.[4] De que sutilezas cuido? De

---

1 De acordo com Rubens Requião: "quando a Consolidação das Leis do Trabalho, por exemplo, no art. 2°, § 2°, concede como uma única entidade econômica a união de empresas, ou entre a empresa *master* e suas filiadas, para os efeitos do direito social, nada mais está admitindo senão a aplicação da doutrina (*disregard doctrine*), pois despreza e penetra o *véu* que as encobre e individualiza, desconsiderando a personalidade independente de cada uma das subsidiárias" (REQUIÃO, Rubens. *Aspectos modernos de Direito Comercial (estudos e pareceres)*. São Paulo: Saraiva, 1977, p. 79).

2 Com destaque para: COMPARATO, Fábio Konder. *O poder de controle da sociedade anônima*. 2ª Ed. São Paulo: Revista dos Tribunais, 1977; e OLIVEIRA, Lamartine Corrêa. *A dupla crise da pessoa jurídica*. São Paulo: Saraiva, 1979.

3 Até mesmo Pontes de Miranda não compreendeu absolutamente nada da teoria, como se pode perceber de sua apaixonada e despropositada condenação, que Comparato chamou de "objurgatória destemperada" (COMPARATO, Fábio Konder. *O poder de controle da sociedade anônima*. 2ª Ed. São Paulo: Revista dos Tribunais, 1977, p. 272).

4 Ver REQUIÃO, Rubens. *Aspectos modernos de Direito Comercial (estudos e pareceres)*. São Paulo: Saraiva, 1977, pp. 218-220.

um lado, dos pressupostos indispensáveis para o juiz desconsiderar a personalidade jurídica; de outro, na então inovadora consequência jurídica atribuída ao ilícito, ou seja, a mera suspensão episódica da eficácia do ato constitutivo da pessoa jurídica.[5]

Em 1990, o Código de Defesa do Consumidor (CDC) incorreu em erros gravíssimos, ao disciplinar a desconsideração da personalidade jurídica nas relações de consumo.[6] As gritantes impropriedades do texto legal extrapolaram os limites do Direito Consumerista e contaminaram a assimilação da teoria pelos juízes e demais profissionais do Direito. E as distorções, então, multiplicaram-se. Entendendo precipitada e erroneamente a desconsideração como o conceito aglutinador de todas as hipóteses de ineficácia da autonomia patrimonial, juízes, promotores e advogados passaram a empregar a expressão "desconsideração" como uma chave genérica, para afastar a própria separação patrimonial por completo e sempre que a pessoa jurídica fosse insolvente. A distorção foi extrema e, no Direito brasileiro, a desconsideração tornou-se aquilo que ela nunca pretendeu ser, nem foi: a negação da autonomia patrimonial das pessoas jurídicas.[7]

Entre 2000 e 2010, o quadro era por demais desalentador. Podia-se até mesmo dizer que, nesses anos, não tinha nenhuma eficácia, no

---

5 Coelho, Fábio Ulhoa. *Desconsideração da personalidade jurídica*. São Paulo: Revista dos Tribunais, 1989, pp. 74-89.

6 Coelho, Fábio Ulhoa. *O empresário e os direitos do consumidor*. São Paulo: Saraiva, 1994, pp. 226-230.

7 Foram em vão as eloquentes advertências de Rubens Requião: "o mais curioso é que a *disregard doctrine* não visa anular a personalidade jurídica, mas somente objetiva desconsiderar no caso concreto, dentro de seus limites, a pessoa jurídica, em relação às pessoas ou bens que atrás dela se escondem. É o caso de declaração de ineficácia especial da personalidade jurídica para determinados efeitos, prosseguindo todavia a mesma incólume para seus outros fins legítimos. (...) Quando propugnamos pela divulgação da *doutrina da desconsideração da pessoa jurídica* em nosso direito, o fazemos invocando aquelas mesmas cautelas e zelos de que se revestem os juízes norte-americanos, pois sua aplicação há de ser feita com extremos cuidados, e apenas em casos excepcionais, que visem impedir a fraude ou o abuso de direito em vias de consumação" (REQUIÃO, Rubens. *Aspectos modernos de Direito Comercial (estudos e pareceres)*. São Paulo: Saraiva, 1977, pp. 69-83).

Direito brasileiro, o princípio da autonomia patrimonial. Certamente para isso contribuiu a infeliz alternativa adotada pelo Código Reale de tornar implícito esse princípio. Ele não reproduzia, antes de 2019, a norma equivalente ao art. 20 do Código Beviláqua (que vigorou de 1917 a 2003): "as pessoas jurídicas têm existência distinta da dos seus membros". Somente em 2019, com a introdução do art. 49-A no Código Civil, o princípio da autonomia patrimonial voltou a ser *expresso* no Direito Positivo.

Tomada como a fórmula jurídica de negação da autonomia patrimonial, a teoria da desconsideração distorceu-se nos dois sentidos. De um lado, aplicou-se em casos de ineficácia da autonomia patrimonial diversos dos da desconsideração; de outro, mesmo quando relativa à hipótese em que, em tese, a teoria até poderia ser aplicada, desde que obviamente se encontrassem presentes os seus pressupostos, fazia-se a sua aplicação mesmo quando ausentes estes.

Desde 2011, felizmente, temos presenciado o início de um processo de reversão desse triste cenário. A principal causa encontra-se na renovação do Direito Comercial, cujos estudiosos resolveram reagir ao esgarçar dos valores fundamentais da disciplina. Essa renovação assentou-se num tripé: a realização de eventos realmente representativos da área (Congresso Brasileiro de Direito Comercial, Jornadas de Direito Comercial do STJ e Congresso Norte Nordeste de Direito Comercial), as iniciativas de especialização judicial (Câmaras reservadas, varas especializadas regionais etc.) e a tramitação do Projeto de Código Comercial (PLS 487/13).

Em 2019, a Lei de Liberdade Econômica (LLE - Lei n. 13.874/19), embora não tenha feito o muito que poderia para extirpar de vez as distorções, trouxe para o Código Civil três normas importantes para esse objetivo. A primeira consistiu na já mencionada explicitação do princípio da autonomia patrimonial (art. 49-A); a segunda, na muito oportuna positivação dos fundamentos desse princípio (parágrafo único do art. 49); e a terceira, por fim, na reafirmação de que a simples existência de grupo não autoriza a desconsideração (art. 50, § 4º).

O livro que o leitor tem à mão resulta da dissertação de mestrado de Fernando Antonio Maia da Cunha, na Pontifícia Universidade Católica de São Paulo (PUC/SP), de quem fui orientador. Fernando Maia era, à época de seu mestrado, desembargador do Tribunal de Justiça de São Paulo, conhecido pelos comercialistas não somente pela excelência de seus julgados, mas também por sua atuação decisiva na criação de órgãos judicantes especializados naquela Corte, quando presidia a Seção de Direito Privado. É ele, por exemplo, o idealizador da Câmara Reservada de Direito Empresarial, criada em 2011.

Destaco que parte das distorções na aplicação da teoria da desconsideração da personalidade jurídica deve ser creditada à pouca atenção que a doutrina comercialista acabou dando para a mudança fundamental ocorrida no plano da argumentação jurídica, nas últimas décadas do século passado. Refiro-me à crescente centralidade dos princípios. Em outros termos, o princípio da autonomia patrimonial não foi estudado tanto quanto se deveria. É somente no contexto da importância desse princípio para a alocação dos riscos na economia, que se pode compreender a excepcionalidade da desconsideração. Fernando Maia aborda o tema com a devida contextualização. Assim fazendo, oferece à literatura comercialista a reflexão principiológica que mostra os desacertos da aplicação apressada da teoria da desconsideração e a urgência da correção de rumos. Embora se trate de trabalho acadêmico, o livro não adota aquela linguagem hermética que costuma caracterizar as dissertações e teses; uma linguagem que muitas vezes acaba afastando leitores das reflexões mais aprofundadas feitas nas academias, para prejuízo dos dois: dos profissionais e dos programas de pós-graduação.

Sua publicação não poderia ser mais oportuna. Como mostra Fernando Maia, a jurisprudência rapidamente está atendendo aos objetivos do legislador da LLE. É alvissareira a perspectiva de superarmos décadas de distorções na aplicação da teoria da desconsideração da personalidade jurídica, reforçando a importância do respeito à autonomia patrimonial das sociedades empresárias para o regular funcionamento da economia.

Fábio Ulhoa Coelho

Professor titular da PUC/SP e diretor do UCEJ – Ulhoa Coelho Estudos Jurídicos.

APRESENTAÇÃO

Honra-nos, com seu convite, o eminente jurista Fernando Antonio Maia da Cunha, para que façamos breve apresentação deste seu livro, intitulado *Autonomia Patrimonial das Sociedades Limitadas vs. Desconsideração da Personalidade Jurídica*. Com imensa alegria e satisfação, aceitamos a gentileza.

Esta obra é o resultado da dissertação que apresentou ao Programa de Estudos de Pós-Graduação *stricto sensu* da Faculdade de Direito da Pontifícia Universidade Católica de São Paulo (PUC/SP), com a qual obteve o título de mestre em Direito, sob a segura orientação do consagrado comercialista professor titular Fábio Ulhoa Coelho. Juntamente com o festejado professor Manoel Justino Bezerra Filho, tivemos a honraria de participar da banca examinadora, tendo o candidato obtido aprovação com nota máxima.

A dissertação ora convertida em livro resulta, também, de pesquisas posteriores do autor, com base na doutrina e na jurisprudência mais abalizadas, trazendo aos leitores a atualização do texto original, sob a Lei de Liberdade Econômica (Lei n. 13.874, de 20 de setembro de 2019), diploma legal que promoveu importantes alterações em diversos institutos do Direito Privado, notadamente naquele da desconsideração da personalidade jurídica, objetivando, com isso, a criação de ambiente seguro para o fomento da atividade econômica.

Nesta obra, o autor trata, primeiramente, da autonomia patrimonial das sociedades empresárias, com enfoque específico nas sociedades limitadas. Depois, sob o prisma da desconsideração da personalidade jurídica, vista como exceção ao princípio da autonomia patrimonial, apresenta estudo sobre a responsabilidade civil dos sócios. Finalmente, analisa a Lei de Liberdade Econômica e seus reflexos na autonomia e na desconsideração da personalidade jurídica, formulando, no encerramento do trabalho, as bem lançadas conclusões de experimentado jurista.

Nesse passo, impende ressaltar que o advogado Fernando Antonio Maia da Cunha exerceu, por mais de três décadas, a magistratura no Estado de São Paulo, onde se notabilizou por sua cultura, seu senso de justiça, sua operosidade, seriedade, ética, seu cavalheirismo e sua dedicação plena aos jurisdicionados.

Como Desembargador do Tribunal de Justiça bandeirante, exerceu relevantes funções administrativas, tendo sido presidente da Seção de Direito Privado, diretor da Escola Paulista da Magistratura e membro do Conselho Superior da Magistratura e, ainda, do Conselho Superior da Escola Nacional de Formação e de Aperfeiçoamento dos Magistrados (ENFAM).

Professor respeitado e culto, exerceu o magistério na Escola Paulista da Magistratura e na Faculdade de Direito de Sorocaba, na área do Direito Privado. Atualmente, de volta aos quadros da Ordem dos Advogados do Brasil, exerce a advocacia e a consultoria jurídica.

Esta obra, portanto, é fruto de longos estudos teóricos e de larga e diuturna prática jurídica, constituindo livro que apresenta aos advogados, aos magistrados, aos professores de Direito e a todos aqueles que se dediquem à pesquisa acadêmica e à atividade forense precioso repositório para o aprofundamento e o aperfeiçoamento do manejo adequado da desconsideração da personalidade jurídica no Direito Societário brasileiro.

Temos a satisfação de testemunhar a vitoriosa carreira do Dr. Fernando Antonio Maia da Cunha, tanto na seara da magistratura – atividade jurisdicional e administrativa –, como na seara do magistério e da academia, razão pela qual, na condição de admirador de sua figura humana, recomendamos à comunidade jurídica a leitura da extraordinária e atualizada obra que temos a alegria de apresentar.

Manoel de Queiroz Pereira Calças

Professor titular de Direito Comercial da USP e desembargador do Tribunal de Justiça do Estado de São Paulo.

INTRODUÇÃO

Esta obra analisa alguns aspectos envolvendo a responsabilidade dos sócios na sociedade limitada, a autonomia patrimonial e a flexibilização dos limites da responsabilidade em razão do instituto da desconsideração da personalidade jurídica, bem como em razão de previsões legais de responsabilidade ilimitada dos sócios.

A economia deste início de século XXI mostra que o Brasil, como consequência da estabilização da sua moeda no final do século XX, bem como do esforço governamental no sentido de manter a economia dentro de parâmetros seguros e estáveis, tornou-se, em tempos de globalização, mercado fértil para os mais variados tipos de investimentos, em especial por empresas estrangeiras que investem na aquisição parcial ou total de empresas brasileiras por meio de fusões e incorporações.

A pandemia da Covid-19 que dominou o mundo em 2020 e se prolonga por 2021, embora altere momentaneamente a economia global, não modifica o fato de que o Brasil é um país em crescimento, que sempre terá os olhares dos investidores pelas oportunidades empresariais que apresenta no mercado.

É incontroverso que a segurança em relação aos princípios e às regras legais é fator preponderante para os investimentos globalizados. É nítida a preferência pelos investimentos empresariais em que não há insegurança jurídica quanto à solução dos problemas. Segurança jurídica que, é bom ressaltar, sempre foi essencial para as sociedades empresárias, qualquer que seja o seu tamanho e natureza.

Assim, diante dessa necessidade de segurança jurídica para as sociedades empresárias e para os investidores, é necessário observar o tratamento que tem sido conferido pela legislação brasileira quanto à responsabilidade dos sócios nas sociedades limitadas, assim como analisar a aplicação dessas leis pelos tribunais brasileiros e se tais decisões têm conferido a segurança jurídica almejada pelos investidores.

Trata-se, portanto, de assunto de grande relevância e de grande aplicação prática tanto para os tribunais, com relação à adequada responsabilização dos sócios de sociedades limitadas, quanto para a sociedade.

A preponderância das exceções legais e da desconsideração da personalidade jurídica em relação à autonomia patrimonial, especialmente nas sociedades limitadas, poderia ser influenciada pela Lei de Liberdade Econômica?

A ideia de transformar a dissertação de mestrado em livro é a de ampliar a pesquisa para verificar se houve alguma alteração no fortalecimento da autonomia patrimonial no futuro das limitadas.

Em suma, o livro almeja verificar o conceito de autonomia patrimonial e as origens históricas da limitação da responsabilidade dos sócios, intimamente relacionada com o princípio da autonomia patrimonial em razão da atribuição de personalidade jurídica às sociedades empresárias. Para tanto, fará uma breve passagem sobre as origens históricas das sociedades limitadas e, também, sobre a inserção desse tipo de sociedade no ordenamento jurídico brasileiro.

Analisar-se-á também a forma de responsabilização dos sócios das sociedades limitadas, considerando a regra prevista, no Código Civil, de limitação da responsabilidade dos sócios ao valor das quotas, salvo em caso de não integralização do capital social. E, claro, as exceções ao princípio da autonomia patrimonial, tais como a responsabilidade por irregularidades, a desconsideração da personalidade jurídica e as hipóteses de responsabilidade dos sócios previstas em lei envolvendo credores não negociais.

O instituto da desconsideração da personalidade jurídica, como exceção ao princípio da autonomia patrimonial, será verificado com maior profundidade no que diz respeito a seu conceito, sua origem, o seu caso emblemático e sua introdução no ordenamento jurídico brasileiro.

Ao final, mediante considerações sobre a Lei de Liberdade Econômica editada no final de 2019, pretende-se verificar se o visado fortalecimento da atividade econômica empresarial atingiu o objetivo de privilegiar a regra da autonomia patrimonial, deixar como efetiva exceção a desconsideração da personalidade jurídica e propiciar segurança jurídica aos investidores que se utilizam da empresa como fator de geração de enriquecimento da economia.

CAPÍTULO I

RESPONSABILIDADE DOS SÓCIOS E A AUTONOMIA PATRIMONIAL DA SOCIEDADE EMPRESÁRIA

1.1. Conceito de autonomia patrimonial da sociedade empresária

Neste capítulo, será analisado o conceito de autonomia patrimonial da sociedade empresária, bem como sua origem histórica, da qual deriva a limitação de responsabilidade dos sócios.

A criação da personalidade jurídica distinta daquela de seus sócios foi uma das contribuições mais importantes do Direito Comercial. A partir da sua aquisição, a sociedade transforma-se em novo sujeito de Direito, "estranho à individualidade das pessoas que participam da sua constituição, dominando um patrimônio próprio".[8]

A separação entre o patrimônio da sociedade empresária e o de seus sócios representa uma barreira – que comporta exceções, conforme veremos – entre os bens que constituem, exclusivamente, a garantia

---

8 REQUIÃO, Rubens. *Curso de Direito Comercial*. vol. 1, 31ª Ed. São Paulo: Saraiva 2012, p. 453.

dos credores da sociedade e aqueles bens que respondem apenas pelas obrigações dos sócios. Evidentemente, "nenhum deles pode utilizar em proveito próprio os bens sociais nem são obrigados a concorrer com as despesas necessárias para a sua conservação, nem lhes é permitido pedir arbitrariamente a divisão".[9]

O principal elemento da personalidade jurídica é a autonomia patrimonial,[10] que é a habilidade da sociedade empresária de ser proprietária de ativos os quais são distintos das propriedades de outras pessoas, tais como de seus investidores, afastando os riscos de eventuais perdas ocorridas durante o exercício da atividade empresarial. O intuito disso é tentar garantir um ambiente de maior segurança, seja ao investidor, que muitas vezes destaca parte relevante de suas economias em um novo negócio e quer manter o restante de seu patrimônio alocado de forma segura, seja aos credores, que não querem ver os bens sociais respondendo por obrigações que não foram assumidas pela sociedade empresária.

Nesse sentido dá-se a posição de Hansmann e de Kraakman:

> The core element of legal personality (as we use the term here) is what the civil law refers to as 'separate patrimony.' This is the ability of the firm to own assets that are distinct from the property of other persons, such as the firm's investors, and that the firm is free not only to use and sell but—most importantly—pledge to creditors. Elsewhere we have termed this asset-pledging effect of legal personality 'affirmative asset partitioning' to emphasize that it involves shielding the assets of

---

9 CARVALHO DE MENDONÇA, José Xavier. *Tratado de Direito Comercial brasileiro.* vol. 2, tomo II, livro II, 1ª Ed. Campinas: Booksseller, 2000, p. 121.

10 No entanto, de acordo com Ferrara, o patrimônio não é requisito para a existência da pessoa jurídica. É, na verdade, meio para o desenvolvimento da atividade do ente, é instrumento dado para a consecução de seus fins. Mesmo sem o patrimônio, a personalidade jurídica mantém-se constante. (FERRARA JUNIOR, Francesco. *Teoría de las personas jurídicas.* 2ª Ed. Trad. Eduardo Ovejero Y Maury. Madrid: Editorial Reus, 1929, pp. 400-402).

> the entity—the corporation—from the creditors of the entity's managers and owners.[11]

Francesco Ferrara salienta que o elemento que confere às coletividades e às organizações o status de pessoas jurídicas é o reconhecimento pelo Direito objetivo. Segundo ele, "a personalidade é forma jurídica conferida pelo para revestir a totalidade variável de indivíduos de uma esfera jurídica autônoma".[12] E a respeito do reconhecimento da personalidade jurídica, continua o autor:

> Ahora bien, esta profunda transformación jurídica – la separación de patrimonio e la responsabilidad de una multitud de individuos o de la persona del instituyente – en una unidad jurídica impersonal en la que viene a concentrarse, es efecto del reconocimiento. Y en virtud de esta forma la colectividad o el establecimiento

---

11 "O elemento principal da personalidade jurídica (termo utilizado aqui) é o que o Direito Civil chama de 'patrimônio separado'. Esta é a habilidade da empresa de ser proprietária de ativos que são distintos da propriedade de outras pessoas, tais como dos investidores da empresa, e a sociedade empresária é livre não apenas para usar e vender, mas – principalmente – para oferecer garantia aos credores. Em outra oportunidade, nós chamamos esse efeito da personalidade jurídica de garantia de ativos de 'separação afirmativa de ativos' para enfatizar que isso envolve proteger os ativos da empresa – da corporação – dos credores, dos donos e dos administradores da sociedade" (tradução livre). O elemento central da personalidade jurídica (como se usa o termo aqui) é o que o Direito Civil se refere como "patrimônio separado". Esta é a capacidade da empresa de possuir ativos que são distintos da propriedade de outras pessoas, como dos investidores da empresa, e que ela (empresa) é livre não apenas para usar e vender, mas - o mais importante – para oferecer garantia aos credores. Alhures, denominamos esse efeito garantidor de ativos da personalidade jurídica de "particionamento afirmativo de ativos" para enfatizar que envolve a proteção dos ativos da entidade - da corporação - dos credores, dos donos e dos administradores da entidade" HANSMANN, Henry; KRAAKMAN, Reinier. "What is Corporate Law?". *In:* HANSMANN, Henry; KRAAKMAN, Reinier *et al. The anatomy of Corporate Law:* a comparative and functional approach. Reino Unido: Oxford University Press, 2004, p. 7. Disponível em: http://ssrn.com/abstract=568623. Acesso em 28 jan. 2014.

12 Tradução livre. FERRARA JUNIOR, Francesco. *Teoría de las personas jurídicas*.2ª Ed. Trad. Eduardo Ovejero y Maury. Madrid: Editorial Reus, 1929, p. 375.

> creado asume la titularidad solidaria de un patrimonio, obra individualmente en el comercio, es responsable de las deudas propias, sin que la pluralidad de los componentes que forma el sustrato de la misma sienta los efectos de este estado jurídico.[13]

Por fim, o autor italiano sustenta que o patrimônio não é um requisito para a existência da sociedade, mas meio para o desenvolvimento da atividade do ente. Assenta, em tradução livre, que os bens econômicos são instrumentos dados às pessoas físicas e jurídicas para a consecução dos fins a que se destinam, mas não são partes de si mesmas, elementos substanciais e constitutivos de seu ser. Em outras palavras, ensina que os bens podem faltar, aumentar, diminuir, mas essa flutuação econômica não ataca a personalidade: o sujeito permanece constante.[14]

Bruno M. Salama e Viviane M. Prado afirmam que, pelo princípio da autonomia patrimonial, "os direitos e as obrigações da empresa são distintos e não se comunicam imediata ou necessariamente com os direitos e obrigações pessoais de seus sócios, administradores e representantes".[15]

De acordo com o entendimento de António Ferrer Correia, "a personalidade jurídica das sociedades depende de uma condição prévia:

---

13 "Agora essa transformação jurídica profunda - a separação do patrimônio e a responsabilidade de uma infinidade de indivíduos ou da pessoa instituidora - em uma unidade jurídica impessoal na que vem a se concentrar é efeito do reconhecimento. E, em virtude dessa forma, a coletividade ou estabelecimento criado assume a titularidade solidária de um patrimônio, trabalha individualmente no comércio e é responsável pelas suas próprias dívidas, sem que os componentes da pluralidade que formam o substrato sintam os efeitos desse status legal" (tradução livre). FERRARA, Francesco. *Teoría de las personas jurídicas.* 2ª Ed. Trad. Eduardo Ovejero y Maury. Madrid: Editorial Reus, 1929, p. 375.

14 FERRARA, Francesco. *Teoría de las personas jurídicas.* 2ª Ed. Trad. Eduardo Ovejero y Maury. Madrid: Editorial Reus, 1929, pp. 401/402.

15 SALAMA, Bruno Meyerhof; PRADO, Viviane Muller. "A flexibilização da responsabilidade societária nos Direitos Privado, Trabalhista e Tributário: uma panorâmica histórica". *Revista da Procuradoria-Geral do Banco Central do Brasil,* vol. 1, p. 140, pp. 138-180, jan./fev. Brasília: BCB, 2013. Disponível em: https://works.bepress.com/bruno_meyerhof_salama/77/. Acesso em 20 fev. 2014.

a autonomia patrimonial. Pode haver autonomia patrimonial sem personalidade, mas não esta sem aquela".[16] Assim, segundo o referido autor, se os sócios responderem com todos os seus bens pelas dívidas da sociedade, não se poderá falar em personalidade jurídica, vez que esta pressupõe ser a própria sociedade a titular dos direitos e obrigações decorrentes dos negócios realizados por ela.[17]

No mesmo sentido caminha a posição de Pinto Furtado, para quem a autonomia patrimonial é pressuposto da personalidade jurídica das sociedades. Segundo ele, a autonomia patrimonial tem duas faces: "a responsabilização directa da sociedade pelas dívidas decorrentes de sua atividade; a insensibilidade do património social às dívidas particulares dos sócios".[18] Com relação à primeira face, a autonomia patrimonial da sociedade não deixa de existir havendo responsabilidade ilimitada dos sócios pelas dívidas sociais, pois, nesse caso, comportam-se como "garantes da dívida imputáveis em primeira via a uma outra massa patrimonial".[19] Quanto à segunda face, o autor português esclarece que, em todas as sociedades, não é "possível em caso algum aos credores particulares dos sócios executar o património social pelos seus créditos, na proporção da quota do devedor".[20]

Em relação à possibilidade de credores particulares dos sócios executarem o patrimônio social, cabe um parêntese. Isso em virtude de

---

16 CORREIA, António Ferrer. "A autonomia patrimonial como pressuposto da personalidade jurídica". *In:* CORREIA, António Ferrer. *Estudos vários de Direito.* Coimbra: Universidade de Coimbra, 1982, p. 547.

17 CORREIA, António Ferrer. "A autonomia patrimonial como pressuposto da personalidade jurídica". *In:* CORREIA, António Ferrer. *Estudos vários de Direito.* Coimbra: Universidade de Coimbra, 1982, p. 547.

18 FURTADO, Jorge H. C. Pinto. *Curso de Direito das Sociedades.* Coimbra: Almedina, 1983, p. 161.

19 FURTADO, Jorge H. C. Pinto. *Curso de Direito das Sociedades.* Coimbra: Almedina, 1983, p. 161.

20 FURTADO, Jorge H. C. Pinto. *Curso de Direito das Sociedades.* Coimbra: Almedina, 1983, p. 162.

existir no sistema normativo brasileiro um paradoxo legislativo no que diz respeito à possibilidade de penhora de quotas da sociedade limitada.

O art. 1.026 do Código Civil dispõe que "o credor particular de sócio pode, na insuficiência de outros bens do devedor, fazer recair a execução sobre o que a este couber nos lucros da sociedade, ou na parte que lhe tocar em liquidação". O parágrafo único desse artigo prevê, ainda, que "se a sociedade não estiver dissolvida, pode o credor requerer a liquidação da quota do devedor, cujo valor, apurado na forma do art. 1.031, será depositado em dinheiro, no juízo da execução, até noventa dias após aquela liquidação".

Armando Luiz Rovai, ao comentar o referido artigo, afirmou que "o Código Civil desenvolveu uma metodologia organizada e racional para tratar dos mecanismos relativos à penhora de quotas, o que, diga-se de passagem, se fez de maneira exemplar".[21]

Por outro lado, o art. 876 do Código de Processo Civil, em seu § 7°, dispõe que "no caso de penhora de quota social ou de ação de sociedade anônima fechada realizada em favor de exequente alheio à sociedade, esta será intimada, ficando responsável por informar aos sócios a ocorrência da penhora, assegurando-se a estes a preferência".

Percebe-se que, enquanto o Código Civil permitiu a execução do lucro da sociedade limitado à quota parte que tocar ao devedor, o Código de Processo Civil possibilitou a penhora da própria quota por terceiro alheio à sociedade, assegurando aos sócios, porém, a preferência na adjudicação.

Com relação a esse paradoxo, Rovai, comentando dipositivo correspondente no Código de Processo Civil de 1973, sustentava que

---

21 CHUBBS, Paulo Roberto Fonseca.. *Penhora de quotas de sociedades*: paradoxo legislativo. Trabalho de Conclusão de Curso pela Universidade Presbiteriana Mackenzie, 2009. Disponível em: http://www.mackenzie.br/fileadmin/Graduacao/FDir/Artigos/artigos_2009/Rovai3.pdf. Acesso em 08 abr. 2014, p. 1.

> o legislador não levou em consideração a "affectio societatis" ferindo de morte o importante elemento da relação societária e, via de conseqüência, esteio da função social da empresa. Ademais, evidencia-se que a formulação legislativa no Brasil é desorganizada e é elaborada por um corpo legislativo que desconhece a realidade empresarial, produzindo uma legislação contraditória – o que causa evidente insegurança jurídica.[22]

Ainda conforme Rovai, como o legislador não respondeu à questão de ser possível ou não a terceiros estranhos aos quadros societários adjudicarem quotas, restariam apenas as seguintes opções:

> Como o legislador deixou sem resposta essa indagação, restam as seguintes possibilidades jurídicas: i) os outros sócios arrematarem ou remirem a execução; ii) a própria sociedade tomar providencias que evite a entrada de estranhos no quadro social; iii) em casos específicos, deve-se considerar a existência de prova escorreita de constituição "intuitu personae" da sociedade, em grau que torne inviável a continuação da empresa após a adjudicação por terceiro estranho ao quadro societário, por evidente falta de "affectio societatis".[23]

O Superior Tribunal de Justiça tem se posicionado no sentido de ser possível a penhora de quotas de sociedade limitada por terceiro estranho à sociedade e credor de sócio desta.

> AGRAVO REGIMENTAL. AGRAVO EM RECURSO ESPECIAL. PENHORA DE QUOTAS SOCIAIS. POSSIBILIDADE.

---

22 CHUBBS, Paulo Roberto Fonseca.. *Penhora de quotas de sociedades*: paradoxo legislativo. Trabalho de Conclusão de Curso pela Universidade Presbiteriana Mackenzie: 2009. Disponível em: http://www.mackenzie.br/fileadmin/Graduacao/FDir/Artigos/artigos_2009/Rovai3.pdf. Acesso em 08 abr. 2014, p. 3.

23 CHUBBS, Paulo Roberto Fonseca.. *Penhora de quotas de sociedades*: paradoxo legislativo. Trabalho de Conclusão de Curso pela Universidade Presbiteriana Mackenzie: 2009. Disponível em: http://www.mackenzie.br/fileadmin/Graduacao/FDir/Artigos/artigos_2009/Rovai3.pdf. Acesso em 08 abr. 2014, p. 3.

> AUSÊNCIA DE PREQUESTIONAMENTO. SÚMULA 282 E 356/STF.
>
> 1.- Esta Corte já firmou entendimento que é possível a penhora de quota social, inclusive, a previsão contratual de proibição à livre alienação das quotas de sociedade de responsabilidade limitada não impede a penhora de tais quotas para garantir o pagamento de dívida pessoal de sócio. Isto porque, referida penhora não encontra vedação legal e nem afronta o princípio da affectio societatis, já que não enseja, necessariamente, a inclusão de novo sócio. 2.- O prequestionamento, entendido como a necessidade de o tema objeto do recurso haver sido examinado pela decisão atacada, constitui exigência inafastável da própria previsão constitucional, ao tratar do recurso especial, impondo-se como um dos principais requisitos ao seu conhecimento. Não examinada a matéria objeto do especial pela instância a quo, incidem os enunciados 282 e 356 da Súmula do Supremo Tribunal Federal. 3.- Agravo improvido.[24]

Marcos Andrey de Sousa, por seu turno, pondera que os artigos do Código Civil e do Código de Processo Civil têm aplicabilidade distinta, ou seja, o art. 1.026 do Código Civil aplica-se à possibilidade de execução das quotas de sociedade simples limitada, enquanto a constrição das quotas da sociedade limitada empresária é prevista pelo Código de Processo Civil.[25] Confira-se:

> A constrição das cotas da *sociedade simples limitada*, portanto, é regida pelo artigo 1.026 do Código Civil, não se sujeitando à penhora para adjudicação ou alienação, por absoluta falta de previsão legal. A constrição das cotas da *sociedade limitada empresária*, por seu turno, é regida pelo Código de Processo Civil,

---

24 BRASIL. STJ, Terceira Turma, AgRg no AREsp n. 231266/SP. Rel. Min. Sidnei Beneti. DJe. 10/06/2013.

25 SOUSA, Marcos Andrey de. *A constrição de cota de sociedade empresária limitada.* Tese de Doutorado em Direito das Relações Sociais pela Pontifícia Universidade Católica de São Paulo, São Paulo, 2009. Disponível em: http://www.dominiopublico.gov.br/download/teste/arqs/cp099248.pdf. Acesso em 08 abr. 2014, p. 235.

> sujeitando-se à penhora para adjudicação ou alienação. É esta a posição que defendemos no presente trabalho.[26] (grifos do autor)

É mister ressaltar a posição de Fábio Ulhoa Coelho, para quem a liquidação das quotas solicitada por credor de sócio apenas é cabível quando se tratar de sociedade limitada com vínculo instável. Quando o devedor for sócio de sociedade limitada com vínculo estável, o credor daquele poderá apenas solicitar a penhora das quotas sociais.[27] Segundo o autor, como se verá adiante,[28] as sociedades limitadas com vínculo societário instável sujeitam-se à regência supletiva das normas de sociedade simples. As sociedades limitadas com vínculo societário estável são sujeitas à regência supletiva da Lei das S.A.[29]

De todo modo e com relação à autonomia patrimonial e à limitação de responsabilidade dos sócios, tem razão Oksandro Gonçalves ao asseverar que "a combinação de autonomia patrimonial com a expressão limitação de responsabilidade permite romper o sistema tradicional de responsabilização por obrigações".[30] Tal se afirma porque, em caso de descumprimento de obrigação por uma pessoa física, esta tem o dever de reparar o dano com todo seu patrimônio,[31] com exceção dos bens de família. Já no caso de descumprimento de obrigação pela pessoa

---

26 SOUSA, Marcos Andrey de. *A constrição de cota de sociedade empresária limitada.* Tese de Doutorado em Direito das Relações Sociais pela Pontifícia Universidade Católica de São Paulo. São Paulo, 2009. Disponível em: http://www.dominiopublico.gov.br/download/teste/arqs/cp099248.pdf. Acesso em 08 abr. 2014, p. 235.

27 COELHO, Fábio Ulhoa. *A sociedade limitada no novo Código Civil.* São Paulo: Saraiva, 2003, p. 39.

28 V. item 2.2., *infra.*

29 COELHO, Fábio Ulhoa. *A sociedade limitada no novo Código Civil.* São Paulo: Saraiva, 2003, pp. 23/24.

30 GONÇALVES, Oksandro. "O recoser da autonomia patrimonial e da responsabilidade limitada no Projeto do Novo Código Comercial". *In:* COELHO, Fábio Ulhoa; LIMA, Tiago Asfor Rocha; NUNES, Marcelo Guedes. *Reflexões sobre o Projeto de Código Comercial.* São Paulo: Saraiva, 2013, p. 368.

31 GONÇALVES, Oksandro. "O recoser da autonomia patrimonial e da responsabilidade limitada no Projeto do Novo Código Comercial". *In:* COELHO, Fábio

jurídica, torna-se possível limitar a responsabilidade dos sócios ao valor investido na sociedade.[32]

Segundo Salama e Prado, o princípio da responsabilidade limitada é apenas acidental com relação à pessoa jurídica, já que não necessariamente haverá limitação da responsabilidade, mesmo quando da existência de dois patrimônios distintos.

> enquanto o princípio da autonomia patrimonial é essencial para a existência da pessoa jurídica, o princípio da responsabilidade limitada é acidental. Isto é, o primeiro é absolutamente necessário, mas não o segundo. É que o reconhecimento da personalidade jurídica ao ente coletivo e, por consequência, da autonomia patrimonial não confere a seus membros necessariamente a limitação da responsabilidade. Esta decorre do tipo associativo de que se serve a pessoa jurídica.[33]

A autonomia patrimonial é, pois, "uma técnica de segregação de riscos",[34] porque separa os bens da sociedade empresária dos bens de seus sócios. Segundo Fábio Ulhoa Coelho, "a principal implicação deste princípio é a impossibilidade de cobrar, em regra, dos sócios uma obrigação que não é deles, mas de outra pessoa, a sociedade".[35] Além

---

Ulhoa; LIMA, Tiago Asfor Rocha; NUNES, Marcelo Guedes. *Reflexões sobre o Projeto de Código Comercial.* São Paulo: Saraiva, 2013, p. 368.

32 GONÇALVES, Oksandro. "O recoser da autonomia patrimonial e da responsabilidade limitada no Projeto do Novo Código Comercial". *In:* COELHO, Fábio Ulhoa; LIMA, Tiago Asfor Rocha; NUNES, Marcelo Guedes. *Reflexões sobre o Projeto de Código Comercial.* São Paulo: Saraiva, 2013, pp. 368/369.

33 SALAMA, Bruno Meyerhof; PRADO, Viviane Muller. "A flexibilização da responsabilidade societária nos Direitos Privado, Trabalhista e Tributário: uma panorâmica histórica". *Revista da Procuradoria-Geral do Banco Central do Brasil,* vol. 1, p. 141, pp. 137-180, jan./fev. Brasília: BCB, 2013. Disponível em: https://works.bepress.com/bruno_meyerhof_salama/77/. Acesso em 20 fev. 2014.

34 COELHO, Fábio Ulhoa. *Princípios do Direito Comercial*: com anotações ao projeto de código comercial. São Paulo: Saraiva, 2012, p. 41.

35 COELHO, Fábio Ulhoa. *Princípios do Direito Comercial*: com anotações ao projeto de código comercial. São Paulo: Saraiva, 2012, p. 41.

disso, o princípio da autonomia patrimonial tem como efeito o compartilhamento entre sócios e credores das perdas oriundas do fracasso da sociedade empresária.[36]

Ricardo Negrão, na mesma linha, afirma que "a pessoa jurídica possui patrimônio próprio, distinto do de seus sócios. É este patrimônio que se sujeita primariamente a responder pelas dívidas assumidas pelas pessoas jurídicas".[37] Segundo ele, quando o contrato social previr a responsabilidade dos sócios por eventuais saldos, "esta será sempre de natureza subsidiária ou secundária, não se permitindo a execução de bens pessoais dos sócios antes dos bens da sociedade".[38]

Do princípio da autonomia patrimonial da sociedade empresária deriva a limitação da responsabilidade dos sócios, que constitui fonte de estímulo para desenvolvimento de atividade econômica. Sem essa limitação, os empresários se sentiriam desestimulados em razão do risco de ver seu patrimônio pessoal comprometido por consequência de eventual fracasso de seu negócio.[39]

1.2. Contexto histórico do surgimento da autonomia patrimonial da sociedade empresária como limitação à responsabilidade dos sócios

A limitação da responsabilidade dos sócios surgiu como exceção à regra de que os bens do devedor constituem a garantia comum de todos os credores. Tratava-se de um privilégio conferido pelo Estado àqueles que estivessem dispostos a investir suas reservas no desenvolvimento da

---

36 COELHO, Fábio Ulhoa. *Princípios do Direito Comercial*: com anotações ao projeto de código comercial. São Paulo: Saraiva, 2012, p. 62.

37 NEGRÃO, Ricardo. *Manual de Direito Comercial e de Empresa*: Teoria Geral da Empresa e Direito Societário. vol.1 , 9ª Ed. São Paulo: Saraiva, 2012, p. 269.

38 COELHO, Fábio Ulhoa. *Princípios do Direito Comercial*: com anotações ao projeto de código comercial. São Paulo: Saraiva, 2012, p. 269.

39 COELHO, Fábio Ulhoa. *Curso de Direito Comercial*: Direito de Empresa. 16ª Ed. São Paulo: Saraiva, 2012, p. 61.

economia local, mas que não queriam colocar em risco a integralidade de seu patrimônio. Fábio Ulhoa Coelho explica, com bastante clareza, a concessão de privilégio pelo Estado aos investidores:

> ...as sociedades anônimas constituíam-se, no início, por um ato de outorga do poder estatal. O rei, ao permitir o empreendimento comercial, concedia um verdadeiro privilégio aos investidores, do qual derivavam a limitação da responsabilidade e a exclusividade do negócio. Note-se que o conceito de sociedade como pessoa jurídica, com obrigações e direitos distintos de seus sócios, começou a se formular nesse período, exatamente para explicar a nova forma societária. Até então, o regime jurídico de nenhuma sociedade proporcionava aos investidores a limitação das perdas (a sociedade por quotas de responsabilidade limitada surgiu muito tempo depois, na Alemanha, em 1892), e a novidade reclamava uma conveniente doutrina.[40]

Importante destacar que essa benesse também garantia vantagens ao Estado, que podia socializar os riscos negociais e ao mesmo tempo expandir a capacidade de investimento nas mais diversas esferas.

E há que se saudar toda a contribuição dada pelo Direito Marítimo, pois, conforme explica Pinto Furtado, a partir do século XIV, o comércio internacional desenvolveu-se de maneira notável e, com mais intensidade, após a era dos Descobrimentos.[41]

Foi nesse pano de fundo que se deu a materialização do conceito de autonomia patrimonial e limitação da responsabilidade dos sócios, a partir da primeira sociedade por ações: a Companhia das Índias Ocidentais.[42]

---

40 COELHO, Fábio Ulhoa. *Curso de Direito Comercial*: Direito de Empresa. 16ª Ed. São Paulo: Saraiva, 2012, pp. 84/85.

41 FURTADO, Jorge H. C. Pinto. *Curso de Direito das Sociedades*. Coimbra: Almedina, 1983, p. 11.

42 LAMY FILHO, Alfredo; PEDREIRA, José Luiz Bulhões (Coord.). *Direito das companhias*. Rio de Janeiro: Forense, 2017, p. 2.

De acordo com Alfredo Lamy Filho e José Luiz Bulhões Pedreira, a limitação de responsabilidade aplicada no âmbito comercial como meio de os financiadores participarem dos lucros das sociedades sem que seus bens pessoais representassem garantia aos credores foi uma inovação revolucionária:

> A limitação de responsabilidade ao patrimônio de uma sociedade, bem como a de todos os seus sócios, às parcelas que nela investiram — num tempo em que ainda não se cristalizara a noção de personalidade jurídica — constituiu uma inovação revolucionária só admitida, inicialmente, com a presença do Estado como incorporador e gerente. E foi o que ocorreu com as Companhias Colonizadoras, seja na Holanda, seja nas que, posteriormente, aceitando o mesmo modelo, com ligeiras variantes, criaram outros países, como a França, a Inglaterra, Portugal e Espanha. A ideia motivadora de todas era a de associar o maior número de pessoas, levantar o maior volume possível de capital, para enfrentar a tarefa magna de colonizar um mundo novo que acabara de ser descoberto, mas dispersando o risco empresarial entre todos os subscritores. [43]

É certo que a ideia de separação patrimonial entre os bens dos investidores e os da sociedade foi bastante utilizada no campo do Direito Marítimo no século XVII, uma vez que o interesse da sociedade nas expedições marítimas envolvia alto risco de prejuízo, resultando na elaboração de contratos por comerciantes e armadores para limitar a exposição dos investidores, garantindo participação nos lucros gerados pelas viagens.

A limitação de responsabilidade de todos os participantes da sociedade surgiu com a Companhia das Índias Orientais e representou uma inovação revolucionária. Inicialmente, a associação de pessoas foi possível apenas com a presença do Estado como "gerente" e o objetivo

43 LAMY FILHO, Alfredo; PEDREIRA, José Luiz Bulhões (Coord.). *Direito das companhias*. Rio de Janeiro: Forense, 2017, p. 3.

era, através da associação de armadores locais e de seus súditos ao interesse do colonizador, arrecadar capital e possibilitar a colonização do chamado "Novo Mundo".[44]

Na referida Companhia Holandesa, já eram garantidas aos "subscritores de partes, alíquotas do capital social, a limitação de responsabilidade aos montantes subscritos, contra a entrega de um documento – a "aktio" livremente negociável, e logo a seguir, cotada na Bolsa de Amsterdam".[45] Mais tarde, seria criada a Companhia das Índias Ocidentais, dotada dos mesmos privilégios do Estado, que previa não só a limitação de responsabilidade dos sócios, mas também da própria sociedade.[46]

Dando um salto histórico, a Revolução Industrial significou um dos grandes eventos de ruptura na humanidade, afinal, houve a total ressignificação da forma de se produzir. Conforme observado por Daniel Bell,[47] se antes os produtos oriundos da exploração da terra representavam a noção de "oferta", com a implementação da produção em massa vinda da atividade industrial, é a "demanda" que passa a ditar o ritmo do mercado, afinal, a depender do ímpeto dos consumidores na busca de certo produto, a indústria aumentará ou diminuirá sua quantidade em circulação.

Todos esses elementos apontavam para a necessidade de uma sociedade na qual a responsabilidade dos sócios poderia ser limitada, mas sem a necessidade de uma outorga individual pelo Estado, como eram as sociedades de colonização e comércio, sob o comando do Estado no

---

44 LAMY FILHO, Alfredo; PEDREIRA, José Luiz Bulhões (Coord.). *Direito das companhias*. Rio de Janeiro: Forense, 2017, p. 4.

45 LAMY FILHO, Alfredo; PEDREIRA, José Luiz Bulhões (Coord.). *Direito das companhias*. Rio de Janeiro: Forense, 2017, p. 6.

46 LAMY FILHO, Alfredo; PEDREIRA, José Luiz Bulhões (Coord.). *Direito das companhias*. Rio de Janeiro: Forense, 2017, p. 7.

47 BELL, Daniel. 1980, p. 22.

século XVII.[48] E foram as primeiras sociedades por ações que delinearam os contornos iniciais da atual limitação de responsabilidade dos sócios, que, na época, era um privilégio conferido pelo Estado aos detentores de capital que tinham como objetivo empreender. No entanto, só no século XIX, com a codificação, é que se estruturaram os tipos societários atuais.[49]

Faz-se necessário, então, examinar como se deu o surgimento das sociedades limitadas.

---

48 LAMY FILHO, Alfredo; PEDREIRA, José Luiz Bulhões. "Conceito, objeto social e classes". *In:* LAMY FILHO, Alfredo; PEDREIRA, José Luiz Bulhões (Coord.). *Direito das companhias.* Rio de Janeiro: Forense, 2009, p. 52.

49 FURTADO, Jorge H. C. Pinto. *Curso de Direito das Sociedades.* Coimbra: Almedina, 1983, p. 11.

CAPÍTULO II

AUTONOMIA PATRIMONIAL DAS SOCIEDADES LIMITADAS

2.1. Breve histórico da Sociedade Limitada

A sociedade limitada é um tipo societário contratual cujos sócios respondem solidária e ilimitadamente pela integralização do capital social, participando dos lucros e das perdas na medida de sua participação para a formação do mesmo capital. A autonomia patrimonial da sociedade limitada está atrelada ao fato de que seu patrimônio responde, exclusivamente, pelas dívidas que contrair. Assim, a limitação de responsabilidade diz respeito aos sócios, e não à sociedade.[50]

As sociedades limitadas foram criadas por iniciativas de parlamentares como resposta aos interesses da pequena e média burguesia europeia que queriam explorar a atividade econômica com o benefício da limitação de responsabilidade, mas sem as formalidades próprias das sociedades anônimas.[51]

---

50 REQUIÃO, Rubens. *Curso de Direito Comercial*. vol. 1, 31ª Ed. São Paulo: Saraiva, 2012, p. 548.

51 COELHO, Fábio Ulhoa. *Curso de Direito Comercial*: Direito de Empresa. 16ª Ed. São Paulo: Saraiva, 2012, p. 396.

Entretanto, a doutrina diverge consideravelmente no que tange ao local de criação da sociedade limitada.

Alguns autores atribuem a concepção desse tipo societário ao parlamento inglês, que, em 1862, instituiu o *Companies Act*, criando as sociedades de responsabilidade limitada (*private partnerships)*, sem ações, *limited by guarantee,* e por ações, *limited by shares.* Na primeira, a responsabilidade dos sócios era limitada a valor preestabelecido e, na segunda, a responsabilidade limitava-se ao capital subscrito. Além disso, deixou de ser necessária autorização governamental para sua criação.

As companhias, regidas pelo *Companies Act*, eram constituídas para a exploração de atividades de valor expressivo e as *partnerships*, pequenas e médias sociedades, eram regidas pela *common law*. Por essa razão, muitos empresários passaram a transformar as suas *partnerships* em companhias, chamadas, então, de *private companies*.[52]

Em 1900, houve nova consolidação da legislação societária, o que resultou na edição do *Companies Consolidation Act*, estabelecendo, em 1929, um regime societário com as seguintes regras: (a) negociação de ações de maneira restrita; (b) limitação a cinquenta sócios; (c) subscrição pública proibida; (d) ausência de número mínimo de sócios; (e) possibilidade de administração por um só gerente; (f) formalidades quanto à publicidade das demonstrações contábeis dispensadas.[53]

Conforme Pereira Calças explica, a polêmica se dá devido ao fato de que "as *private companies*, originárias das sociedades anônimas, assemelham-se às sociedades de responsabilidade limitada do alemão, o pioneiro e grande influenciador da adoção de tal modelo societário no mundo ocidental".[54]

---

52 COELHO, Fábio Ulhoa. *Curso de Direito Comercial*: Direito de Empresa. 16ª Ed. São Paulo: Saraiva, 2012, pp. 15/16.

53 CALÇAS, Manoel de Queiroz Pereira. *Sociedade Limitada no Novo Código Civil.* São Paulo: Atlas, 2003, p. 16.

54 CALÇAS, Manoel de Queiroz Pereira. *Sociedade Limitada no Novo Código Civil.* São Paulo: Atlas, 2003, p. 16.

No mesmo sentido, Jorge Lobo afirma que apesar de as *private companies* se assemelharem mais às sociedades anônimas, existem diferenças no que tange ao número de sócios, ao modo de formação do capital e no que diz respeito à cessão de ações.[55]

Fábio Ulhoa Coelho também concorda que a sociedade limitada "como um tipo próprio de organização societária, e não como uma sociedade anônima simplificada, surge na Alemanha, em 1892".[56]

No mesmo sentido é a posição de Rubens Requião, pois, segundo ele, "afastadas assim as leis inglesas e a lei francesa, como diretrizes da nova espécie de sociedade, essa láurea cabe ao germânico, que modelou um novo tipo de sociedade. A nova sociedade rapidamente se disseminou entre as nações civilizadas".[57]

Pereira Calças relata que a Lei de 20 de abril de 1892, promulgada pelo Imperador Guilherme II, foi uma resposta ao pedido dos pequenos e médios empresários para a instituição de uma sociedade de responsabilidade limitada à contribuição de cada sócio para o capital social e que pudesse ser constituída de maneira mais simples do que as sociedades anônimas.[58]

O modelo alemão de sociedades limitadas (*Gesellschaften mit beschraenkter Haftung*) foi seguido por outros países da Europa e Portugal, em 1901, foi o primeiro país a positivar esse tipo de sociedade, chamando-a de Sociedade por Quotas de Responsabilidade Limitada,[59] influenciando sobremaneira o ordenamento jurídico brasileiro.[60]

---

55 LOBO, Jorge. *Sociedades Limitadas.* vol 1, 1ª Ed. Rio de Janeiro: Forense, 2004, pp. 49/50.

56 COELHO, Fábio Ulhoa. *Curso de Direito Comercial*: Direito de Empresa. 16ª Ed. São Paulo: Saraiva, 2012, p. 396.

57 REQUIÃO, Rubens. *Curso de Direito Comercial.* vol. 1, 31ª Ed. São Paulo: Saraiva, 2012, p. 550.

58 CALÇAS, Manoel de Queiroz Pereira. *Sociedade Limitada no Novo Código Civil.* São Paulo: Atlas, 2003, p. 16.

59 LOBO, Jorge. *Sociedades Limitadas.* vol 1, 1ª Ed. Rio de Janeiro: Forense, 2004, p. 48.

60 CALÇAS, Manoel de Queiroz Pereira. *Sociedade Limitada no Novo Código Civil.* São Paulo: Atlas, 2003, pp. 16/17.

Na Itália, segundo Galgano, o Código Civil de 1865, apesar de conter uma regulamentação difusa das sociedades, ignorava as associações e se limitava a prever, em seu art. 2°, a possibilidade de reconhecimento legal de "corpos morais". Assim, se a associação não tivesse autorização do Estado, os contratos feitos entre associados eram privados de eficácia jurídica.[61] A condição jurídica das associações não reconhecidas era diferente daquelas reconhecidas pelo Estado, as quais tinham o benefício da limitação de responsabilidade de seus administradores.[62] Com a Constituição italiana, desapareceu a distinção entre associações reconhecidas e não reconhecidas e passou a caber ao Estado a função de garantir o direito de formação social aos cidadãos.[63] Com o Código Civil de 1942, surgiu na Itália a sociedade por responsabilidade limitada, prevista nos arts. 2.472 a 2.497.[64]

Conclui-se, portanto, que apesar de alguma divergência doutrinária, a sociedade limitada nasceu e se positivou na Alemanha, quando efetivamente se delineou a sociedade limitada com autonomia patrimonial, modelo que passou a ser seguido por diversos países da Europa.

2.2. Sociedade Limitada no ordenamento jurídico brasileiro

O Código Comercial de 1850 não distinguia com clareza a separação patrimonial dos sócios. Em 1865, o ministro da Justiça Nabuco de Araújo tentou criar uma sociedade por ações simplificada, na qual não

---

61 GALGANO, Francesco. "Riconoscimento della personalità giuridica e discrezionalità dell'autorità governativa". *In: Studi in onore di Francesco Santoro-Passarelli.* Napoli: Jovene, 1972, p. 504.

62 GALGANO, Francesco. "Riconoscimento della personalità giuridica e discrezionalità dell'autorità governativa". *In: Studi in onore di Francesco Santoro-Passarelli.* Napoli: Jovene, 1972, p. 508.

63 GALGANO, Francesco. "Riconoscimento della personalità giuridica e discrezionalità dell'autorità governativa". *In: Studi in onore di Francesco Santoro-Passarelli.* Napoli: Jovene, 1972, p. 510.

64 LOBO, Jorge. *Sociedades Limitadas.* vol 1, 1ª Ed. Rio de Janeiro: Forense, 2004, p. 49.

fosse necessária a autorização prévia do governo, a que estavam sujeitas pelo Código Comercial, chamada de sociedade por responsabilidade limitada, porém a proposta foi rejeitada por D. Pedro II, em 1867.[65]

Essa tentativa de Nabuco de Araújo, contudo, não tinha semelhança com a sociedade por quotas de responsabilidade que acabou sendo adotada pela legislação brasileira, a qual só surgiu, efetivamente, em 1912, com a iniciativa de Inglês de Sousa, a quem coube a reforma do Código Comercial Imperial de 1850.[66]

Inglês de Sousa se inspirou na lei portuguesa de 11 de abril de 1901 e adotou, então, a sociedade por quotas de responsabilidade limitada no projeto de Código Comercial.

Em 1916, a autonomia patrimonial da pessoa jurídica foi reconhecida pelo Código Civil em seu art. 20 ao prever que "as pessoas jurídicas têm existência distinta dos seus membros".

Em 1918, Joaquim Luís Osório apresentou projeto baseado no anteprojeto de Inglês de Sousa, introduzindo a sociedade por quotas de responsabilidade limitada, tendo sido aprovado e sancionado como Decreto n. 3.708/1919.[67]

Assim, a sociedade limitada foi criada legalmente no Brasil com o Decreto n. 3.708, de 10 de janeiro de 1919, nominada de sociedade por quotas de responsabilidade limitada, quando, na segunda parte do art. 2º, definiu que obrigatoriamente deveria estabelecer que a responsabilidade dos sócios fosse limitada à importância total do capital social.

Destaque-se que o projeto de Nabuco de Araújo não pode ser considerado antecedente histórico da Lei de Sociedade por Quotas de

---

65 COELHO, Fábio Ulhoa. *Curso de Direito Comercial*: Direito de Empresa. 16ª Ed. São Paulo: Saraiva, 2012, p. 396.

66 CALÇAS, Manoel de Queiroz Pereira. *Sociedade Limitada no Novo Código Civil.* São Paulo: Atlas, 2003, p. 23.

67 CALÇAS, Manoel de Queiroz Pereira. *Sociedade Limitada no Novo Código Civil.* São Paulo: Atlas, 2003, p. 23.

Responsabilidade Limitada estatuída pelo Decreto n. 3.708, de 10 de janeiro de 1919, como, enganadamente, afirmou Inglês de Sousa. Nas palavras de José Waldecy Lucena:

> A verdade histórica foi restabelecida por Sylvio Marcondes Machado, ao demonstrar o equívoco comum de confundir a sociedade de responsabilidade limitada, preconizada por Nabuco de Araújo, com a sociedade de responsabilidade limitada, reconhecida pelo Dec. 3.708, tratando aquela como primeira tentativa desta. A verdade histórica, porém, é que a sociedade de Nabuco significava uma sociedade anônima livre, enquanto a sociedade do Dec. 3.708 constitui o tipo autônomo criado pelo legislador alemão.[68]

O referido Decreto foi bastante criticado por seu laconismo. De acordo com Requião, Inglês de Sousa, de maneira proposital, "despiu a lei portuguesa, que lhe servira de inspiração, de suas excessivas minúcias. O diploma legal, que disso resultou, é sintético, pois regula toda a matéria em dezoito artigos apenas".[69]

No entanto, esse modelo lacônico do Decreto 3.078/1919 não gerou muitos problemas para as sociedades empresárias que o adotaram, pois passou a caber aos sócios a regulamentação da sociedade de acordo com princípios gerais e mediante normas contratuais. Em razão da omissão de alguns contratos sociais, surgiu a questão de qual seria a legislação aplicável às sociedades limitadas.[70]

Segundo Requião, a discussão acerca da legislação aplicável decorre da interpretação do art. 18 do Decreto n. 3.078/1919, segundo o qual: "serão observadas quanto às sociedades por quotas de responsabilidade

---

68 LUCENA, José Waldecy. *Das Sociedades Limitadas.* 6ª Ed. atual. e ampl. Rio de Janeiro: Renovar, 2005, p. 21.

69 REQUIÃO, Rubens. *Curso de Direito Comercial.* vol. 1, 31ª Ed. São Paulo: Saraiva, 2012, p. 552.

70 REQUIÃO, Rubens. *Curso de Direito Comercial.* vol. 1, 31ª Ed. São Paulo: Saraiva, 2012, pp. 552/553.

limitada, no que não for regulado no estatuto social, e na parte aplicável, as disposições da lei das sociedades anônimas".[71] Discutia-se se a lei das sociedades anônimas teria caráter supletivo apenas em caso de omissão do contrato social, quando aplicável, ou se a lei das sociedades anônimas seria supletiva, também, da lei de sociedades por quotas, e não apenas do contrato social.

Com relação à legislação aplicável, Rubens Requião entendia que, sendo omisso contrato social, deveriam ser verificadas, primeiro, as normas societárias do Código Comercial e, no silêncio deste, aplicar-se-ia a Lei das Sociedades Anônimas (Lei das S.A.). Caso o contrato social não fosse totalmente omisso, deveria ser aplicada, supletivamente, a Lei das S.A. [72]

Conforme Carvalhosa, inicialmente, a interpretação doutrinária preponderante era a de Waldemar Ferreira, acompanhada pelo Supremo Tribunal Federal, de que "a Lei de Sociedades Anônimas não era, pela interpretação do art. 18, supletiva das omissões do Decreto n. 3.708/19, mas sim supletiva das omissões do contrato social".[73] Nas omissões do Decreto, seria aplicável, então, o disposto no Código Comercial de 1850 a respeito das sociedades de pessoas.[74] Havia, no entanto, quem discordasse desse posicionamento, por entender que a Lei das S.A. se aplicava subsidiariamente tanto às omissões do contrato quanto da lei.[75]

---

71 REQUIÃO, Rubens. *Curso de Direito Comercial*. vol. 1, 31ª Ed. São Paulo: Saraiva, 2012, p. 553.

72 REQUIÃO, Rubens. *Curso de Direito Comercial*. vol. 1, 31ª ed. São Paulo: Saraiva, 2012, p. 555.

73 CARVALHOSA, Modesto; AZEVEDO, Antônio Junqueira (Coord.). *Comentários ao Código Civil*: parte especial do Direito de Empresa (artigos 1.052 a 1.195). vol. 13, 2ª Ed. São Paulo: Saraiva, 2005, p. 38.

74 CARVALHOSA, Modesto; AZEVEDO, Antônio Junqueira (Coord.). *Comentários ao Código Civil*: parte especial: do direito de empresa (artigos 1.052 a 1.195). Vol. 13. 2ª ed. São Paulo: Saraiva, 2005, p. 38.

75 CARVALHOSA, Modesto; AZEVEDO, Antônio Junqueira (Coord.). *Comentários ao Código Civil*: parte especial: do direito de empresa (artigos 1.052 a 1.195). Vol. 13. 2ª ed. São Paulo: Saraiva, 2005, p. 38.

Outra questão relevante envolvendo o art. 18 do referido decreto era saber quais as regras das sociedades anônimas seriam aplicáveis às sociedades limitadas em razão da diferença entre a natureza dos dois tipos de sociedade. Segundo Carvalhosa, apesar de não haver um direcionamento definitivo por parte da doutrina e da jurisprudência, a doutrina delineou parâmetros de acordo com casos concretos.[76] Entendeu-se, assim, que não seriam aplicáveis às sociedades limitadas as seguintes disposições:

> Normas relativas à organização e constituição da sociedade, quanto ao número de sócios, quanto à obrigatoriedade da publicação de balanços e da realização de assembleia ordinária. (...) aos certificados de quotas; às quotas sem valor nominal; à emissão de partes beneficiárias; à emissão de debêntures; à sociedade aberta com apelo à poupança pública; e à subsidiária integral.[77]

Após oitenta e três anos em vigor, o Decreto n. 3.078, de 10 de janeiro de 1919, foi revogado pelo Código Civil de 2002, que entrou em vigor em 12 de janeiro de 2003 e passou a regulamentar a sociedade por quotas de responsabilidade limitada, inserindo, na Parte Especial, Livro II, sob o título de Direito de Empresa, as regras da atual sociedade limitada. E, com a entrada em vigor do referido código, a questão passou a ser prevista em seu art. 1.053, caput: "sociedade limitada rege-se, nas omissões deste Capítulo, pelas normas da sociedade simples". O parágrafo primeiro do mesmo artigo menciona, ainda, que "o contrato social poderá prever a regência supletiva da sociedade limitada pelas normas da sociedade anônima".

---

76 CARVALHOSA, Modesto; AZEVEDO, Antônio Junqueira (Coord.). *Comentários ao Código Civil*: parte especial do Direito de Empresa (artigos 1.052 a 1.195). vol. 13. 2ª Ed. São Paulo: Saraiva, 2005, pp. 38/39.

77 CARVALHOSA, Modesto; AZEVEDO, Antônio Junqueira (Coord.). *Comentários ao Código Civil*: parte especial do Direito de Empresa (artigos 1.052 a 1.195). vol. 13. 2ª Ed. São Paulo: Saraiva, 2005, p. 39.

Fábio Ulhoa afirma que a diferença entre o art. 18 do Decreto n. 3.078/1919 e o art. 1.053, parágrafo único, do Código Civil é substancial:

> A diferença é substancial porque, tendo sido eleita pelo contrato social como norma de regência supletiva a LSA, se houver nele uma cláusula contrária ao previsto nessa lei, a disposição de vontade será ilegal e inválida. Quando a LSA, no passado, era apenas regra supletiva de vontade dos sócios, é claro que esta se sobrepunha àquela. Como agora é norma supletiva da lei, a vontade dos sócios passa a submeter-se a ela.[78]

Apesar de o Código Civil prever a aplicação subsidiária das normas da sociedade simples às sociedades limitadas, Pereira Calças entende que essa não foi a melhor solução. Segundo o referido autor, "a aplicação subsidiária das normas da sociedade simples às sociedades em comum, às em conta de participação, às em nome coletivo e às em comandita simples é perfeitamente justificável, uma vez que são sociedades de pessoas".[79] No entanto, por entender que as sociedades limitadas têm natureza híbrida (personalista e capitalista), considera que a melhor solução teria sido a de aplicar subsidiariamente as normas das sociedades anônimas às sociedades limitadas quando fossem omissos o contrato social e o capítulo de regência, tendo em vista que o modelo das sociedades limitadas é mais próximo do das sociedades anônimas do que o das sociedades simples.[80]

Haroldo Malheiros Duclerc Verçosa, com relação à hipótese de omissão das normas da sociedade limitada e da sociedade simples, afirma que o intérprete foi colocado pelo Código Civil de 2002 no lugar de um jogador de corrida de obstáculos em razão da má técnica legislativa,

---

78 COELHO, Fábio Ulhoa. *Curso de Direito Comercial*: Direito de Empresa. 16ª Ed. São Paulo: Saraiva, 2012, p. 23.

79 CALÇAS, Manoel de Queiroz Pereira. *Sociedade Limitada no Novo Código Civil.* São Paulo: Atlas, 2003, p. 38.

80 CALÇAS, Manoel de Queiroz Pereira. *Sociedade Limitada no Novo Código Civil.* São Paulo: Atlas, 2003, p. 38.

criando, muitas vezes, um sistema sem coerência ao se recorrer à analogia, sem a capacidade de atender às necessidades dos sócios.[81]

José Edwaldo Tavares Borba aduz que, nas omissões da regulação específica da sociedade limitada, aplicam-se as normas relativas às sociedades simples, tratando-se de aplicação subsidiária e impositiva, que se sobrepõe às cláusulas contratuais.[82] Para o mencionado autor, a regência supletiva da Lei das S.A., que se relaciona com as omissões do contrato, só pode ser aplicada às matérias que podem ser objeto de convenção entre as partes e quando compatível com a natureza da sociedade limitada.[83]

De acordo com Fábio Ulhoa Coelho, a aplicação da Lei das Sociedades Anônimas às Sociedades Limitadas quando o Código Civil não regulamentar o assunto e quando prevista pelo contrato social, depende da contratualidade da matéria, ou seja, não pode ser aplicada a Lei das S.A. com relação a assuntos sobre os quais os sócios não podem contratar e que não podem ser tratados no contrato social.[84]

Pereira Calças, por sua vez, afirma que a aplicação supletiva da Lei das S.A. às sociedades limitadas subordina-se a três pressupostos, quais sejam: "(a) matéria não regulada no capítulo das sociedades limitadas; (b) contrato social omisso sobre a matéria; (c) contratualidade da matéria, isto é, tema inserido no campo dispositivo dos contratantes".[85]

O referido autor, para ilustrar a questão, refere-se a exemplo apresentado por Fábio Ulhoa Coelho, que indaga se uma sociedade

---

81 VERÇOSA, Haroldo Malheiros Duclerc. *Direito Comercial*. vol. 2, 3ª Ed. São Paulo: Revista dos Tribunais, 2014, p. 345.

82 BORBA, José Edwaldo Tavares. *Direito Societário*. 8ª Ed. Rio de Janeiro: Renovar, 2003, p. 102.

83 BORBA, José Edwaldo Tavares. *Direito Societário*. 8ª Ed. Rio de Janeiro: Renovar, 2003, p. 102.

84 COELHO, Fábio Ulhoa. *Curso de Direito Comercial*: Direito de Empresa. 16ª Ed. São Paulo: Saraiva, 2012, p. 398.

85 CALÇAS, Manoel de Queiroz Pereira. *Sociedade Limitada no Novo Código Civil*. São Paulo: Atlas, 2003, p. 39.

limitada pode emitir debêntures para a obtenção de recursos para a expansão de sua atividade e responde negativamente:

> A sociedade limitada não pode emitir debêntures. E a fundamentação jurídica para essa resposta se encontra no critério apontado: a Lei das Sociedades Anônimas somente é aplicável às limitadas *nas matérias a respeito das quais podem os sócios contratar*. Nos assuntos que escapam ao âmbito das negociações entre eles, não incide.[86] (grifos do autor)

Fábio Ulhoa Coelho sintetiza as questões a respeito da legislação aplicável da seguinte forma:

> Em assunto disciplinado pelo capítulo do Código Civil específico deste tipo societário (...), vigora a disposição nele contida; na constituição e dissolução total, observa-se sempre o Código Civil; nos demais casos, se a matéria é passível de negociação entre os sócios, consulta-se o contrato social, aplicando-se *supletivamente* a disciplina do Código Civil respeitante à sociedade simples (...), ou, se assim desejado pelos sócios de modo expresso, a da Lei das Sociedades por Ações; não sendo a matéria suscetível de negociação, pode-se aplicar *analogicamente* a Lei das Sociedades por Ações na superação da lacuna.[87]

Com fundamento na norma de regência de cada sociedade limitada, Fábio Ulhoa Coelho divide a sociedade limitada (gênero) em espécies, quais sejam: (a) sociedades limitadas com vínculo societário instável e (b) sociedades limitadas com vínculo societário estável.[88]

---

86 COELHO, Fábio Ulhoa. *Curso de Direito Comercial*: Direito de Empresa. 16ª Ed. São Paulo: Saraiva, 2012, p. 398.

87 COELHO, Fábio Ulhoa. *Curso de Direito Comercial*: Direito de Empresa. 16ª Ed. São Paulo: Saraiva, 2012, p. 400.

88 COELHO, Fábio Ulhoa. *A sociedade limitada no novo Código Civil*. São Paulo: Saraiva, 2003, p. 23.

As sociedades limitadas com vínculo societário instável seriam aquelas submetidas à regência supletiva das normas da sociedade simples, não tendo o contrato social elegido a Lei das S.A. como norma de regência. O mencionado autor chama o vínculo de instável porque "quando contratada por prazo indeterminado, qualquer sócio pode dela se desligar, imotivadamente, por simples notificação aos demais, a qualquer tempo".[89]

Por seu turno, as sociedades limitadas com vínculo societário estável seriam aquelas sujeitas à regência supletiva da Lei das S.A., mencionando o contrato social expressamente essa condição. Fábio Ulhoa Coelho chama-as de estáveis porque "não há fundamento legal para o sócio pretender desligar-se imotivadamente do vínculo societário que o une aos demais (...) a não ser na hipótese do art. 1.077 (modificação do contrato social, fusão ou incorporação)".[90]

Ainda de acordo com Fábio Ulhoa Coelho, as principais diferenças entre as duas espécies de sociedade limitada são a dissolução parcial, o desempate, a destinação do resultado e a vinculação a atos estranhos ao objeto social.[91]

Nas sociedades limitadas de vínculo instável, a dissolução parcial se dá com a morte, com a liquidação das quotas a pedido de credor do sócio, com retirada imotivada de sócio, retirada motivada ou expulsão de sócio. O desempate é feito de acordo com o critério de quantidade de votos e, permanecendo o empate, cabe ao juiz desempatar. A maioria dos sócios delibera sobre a destinação dos resultados, podendo decidir reinvestir a totalidade dos lucros. A sociedade não se vincula aos atos estranhos ao objeto social praticados pelo administrador com fundamento na teoria dos atos *ultra vires*.[92]

---

89 COELHO, Fábio Ulhoa. *A sociedade limitada no novo Código Civil*. São Paulo: Saraiva, 2003, p. 23.

90 COELHO, Fábio Ulhoa. *A sociedade limitada no novo Código Civil*. São Paulo: Saraiva, 2003, p. 24.

91 COELHO, Fábio Ulhoa. *A sociedade limitada no novo Código Civil*. São Paulo: Saraiva, 2003, pp. 24/25.

92 COELHO, Fábio Ulhoa. *A sociedade limitada no novo Código Civil*. São Paulo: Saraiva, 2003, pp. 24/25.

Nas sociedades limitadas com vínculo estável, por sua vez, a dissolução parcial se dá apenas com a retirada motivada de sócio ou expulsão de sócio. O desempate é realizado de acordo com o critério de quantidade de quotas e, se permanecer o empate, não sendo prevista arbitragem nem eleito terceiro para decidir, o juiz desempatará. Quanto à destinação do resultado, deve estar previsto, no contrato social, o dividendo obrigatório a ser distribuído entre os sócios a cada ano. A sociedade vincula-se a todos os atos praticados pelos administradores, mesmo que sejam estranhos ao objeto social desta.[93]

Outra questão relevante com relação às sociedades limitadas é sua natureza jurídica. As sociedades podem ter natureza jurídica personalista ou capitalista. Segundo Pereira Calças, uma sociedade será de capital quando, para sua constituição, a preocupação maior dos sócios tiver relação com a obtenção de capital suficiente para realização do objeto social.[94] Por outro lado, a sociedade será de pessoas ou personalista quando forem levadas em consideração as habilidades e os atributos pessoais dos sócios para a formação da sociedade.[95]

Para Rubens Requião, a sociedade limitada é uma sociedade de pessoas, mas reconhece que os sócios, ao elaborar o contrato social, podem conferir caráter capitalístico à sociedade. Assim, a sociedade limitada situa-se em um divisor de águas, pois seu contrato social pode dar estilo personalista ou capitalista à sociedade.[96]

Jorge Lobo, por sua vez, entende que as sociedades limitadas são de pessoas, e não de capitais nem mistas por diversas razões, entre elas, pelo fato de ser comum a concentração de quase a totalidade das quotas

---

93 COELHO, Fábio Ulhoa. *A sociedade limitada no novo Código Civil*. São Paulo: Saraiva, 2003, pp. 24/25.

94 CALÇAS, Manoel de Queiroz Pereira. *Sociedade Limitada no Novo Código Civil*. São Paulo: Atlas, 2003, p. 26.

95 CALÇAS, Manoel de Queiroz Pereira. *Sociedade Limitada no Novo Código Civil*. São Paulo: Atlas, 2003, p. 27.

96 REQUIÃO, Rubens. *Curso de Direito Comercial*. vol. 1, 31ª Ed. São Paulo: Saraiva, 2012, p. 561.

em que se divide o capital poder ser de uma só pessoa ou de uma família, de ser comum empregar parentes na sociedade, de os sócios serem da mesma família, de os sócios serem solidariamente responsáveis pela integralização do capital social etc.[97]

Fábio Ulhoa Coelho, com quem concordamos, explica que as sociedades por ações são sempre de capital. Contudo, nas sociedades limitadas, são os sócios quem definem sua natureza, e não a lei.[98] Assim, "a sociedade limitada, pode ser de pessoas ou de capital, de acordo com a vontade dos sócios. O contrato social define a natureza de cada limitada".[99]

Pereira Calças ressalta que, caso não seja possível concluir a natureza da sociedade limitada através da interpretação das cláusulas de seu contrato social, deve-se entender que se trata de sociedade de pessoas. Confira-se:

> ...assim, se da interpretação das cláusulas do contrato social não for possível concluir qual é a natureza da sociedade limitada, deve ser ela considerada como de pessoas, em virtude da incidência do Código Civil, com expressa menção ao art. 1.028, que cuida das consequências da morte de sócio e prevê a liquidação das quotas do falecido a menos que o contrato social disponha diferentemente, bem como ao art. 1.057, que estabelece que o sócio só pode alienar suas quotas a terceiros estranhos à sociedade se não houver oposição de titulares de mais de um quarto do capital social, a menos que o contrato disponha diferentemente.[100]

---

97 LOBO, Jorge. *Sociedades Limitadas*. vol 1, 1ª ed. Rio de Janeiro: Forense, 2004, pp. 54/55.

98 COELHO, Fábio Ulhoa. *Curso de Direito Comercial*: Direito de Empresa. 16ª Ed. São Paulo: Saraiva, 2012, pp. 400/401.

99 COELHO, Fábio Ulhoa. *Curso de Direito Comercial*: Direito de Empresa. 16ª Ed. São Paulo: Saraiva, 2012, p. 401.

100 CALÇAS, Manoel de Queiroz Pereira. *Sociedade Limitada no Novo Código Civil*. São Paulo: Atlas, 2003, p. 29.

Na mesma linha é o posicionamento de Fábio Ulhoa Coelho, pois, para ele, em caso de insuficiência do critério de pesquisa da natureza jurídica da sociedade limitada, deve-se considerar que a sociedade limitada é de pessoas.[101]

Paralelamente à discussão a respeito da natureza jurídica da sociedade limitada, Fábio Ulhoa Coelho afirma, ainda, que, dentro de uma mesma sociedade limitada, parte dos sócios pode ser pessoalmente importante para o êxito da sociedade empresária enquanto outros podem ter sua participação limitada ao investimento de capital, de modo que seria possível classificar os sócios em empreendedores e investidores, respectivamente. Segundo o referido autor, essa separação entre os tipos de sócios das sociedades limitadas deveria ser incorporada ao ordenamento jurídico brasileiro como forma de disciplinar, além de outras questões, a responsabilidade dos sócios pelas obrigações sociais,[102] tema que será abordado a seguir.

A sociedade limitada não é conceituada pelo art. 1.052 do Código Civil, mas, como afirma Alfredo de Assis Gonçalves Neto, a sua característica de limitação da responsabilidade dos sócios ao valor de suas quotas e à integralização do capital social, de maneira solidária, é suficiente para identificar esse tipo de sociedade.[103]

Em suma, verifica-se que a sociedade limitada foi introduzida no ordenamento jurídico brasileiro em 1919, com o Decreto n. 3.708, chamada de sociedade por quotas de responsabilidade limitada, na qual a responsabilidade dos sócios era limitada à importância total do capital social. O referido decreto, contudo, sofreu diversas críticas por

---

101 COELHO, Fábio Ulhoa. *Curso de Direito Comercial*: Direito de Empresa. 16ª Ed. São Paulo: Saraiva, 2012, p. 405.

102 COELHO, Fábio Ulhoa. *Curso de Direito Comercial*: Direito de Empresa. 16ª Ed. São Paulo: Saraiva, 2012, p. 403.

103 GONÇALVES NETO, Alfredo de Assis. *Direito de Empresa*: comentários aos artigos 966 a 1.195 do Código Civil. 4ª Ed. São Paulo: Revista dos Tribunais, 2012, p. 340.

seu laconismo, vindo a ser revogado pelo Código Civil de 2002, que alterou a nomenclatura da sociedade para sociedade limitada.

Com relação à legislação aplicável às sociedades limitadas em caso de omissão das normas da sociedade limitada, se a matéria for passível de negociação entre os sócios, deve ser consultado o contrato social, aplicando-se, de maneira supletiva o disposto no Código Civil quanto à sociedade simples ou, se o contrato social fizer menção nesse sentido, aplica-se a da Lei das Sociedades por Ações. Desde que a matéria não seja suscetível de negociação, pode-se aplicar por analogia a Lei das Sociedades por Ações para suprir a lacuna.

Por fim, quanto à natureza jurídica da sociedade limitada, entende-se que é híbrida, podendo ser tanto de pessoas quanto de capital a depender do contrato social e, se este for omisso, será considerada como sociedade de pessoas.

2.3. Responsabilidade dos sócios pelas obrigações sociais

Como visto anteriormente,[104] a autonomia patrimonial da qual deriva a limitação da responsabilidade dos sócios é uma técnica de segregação que separa os bens da sociedade empresária dos bens de seus sócios.

Conforme Fábio Ulhoa Coelho, como os sócios e a sociedade são sujeitos distintos, a "regra é a da irresponsabilidade dos sócios da sociedade limitada pelas dívidas sociais. Isto é, os sócios respondem apenas pelo valor das quotas com que se comprometem, no contrato social (CC, art. 1.052)".[105]

Os credores devem, antes de responsabilizar os sócios, buscar os bens da sociedade, já que a responsabilidade dos sócios é subsidiária. Como

---

104 V. item 1.1., *supra*.

105 COELHO, Fábio Ulhoa. *Curso de Direito Comercial*: Direito de Empresa. 16ª Ed. São Paulo: Saraiva, 2012, p. 434.

aponta Rubens Requião, "a sociedade limitada como pessoa jurídica, responde, com seu patrimônio, ilimitadamente pelas suas obrigações. Seu capital, seu patrimônio, é, naturalmente, a garantia de seus débitos".[106]

Essa regra surgiu como uma maneira de estimular o desenvolvimento de atividades econômicas, tendo em vista que poucas pessoas iriam investir em novas sociedades empresárias caso corressem o risco de perder todo o seu patrimônio.

Caso não houvesse a limitação da responsabilidade dos sócios, "os novos produtos e serviços somente conseguiriam atrair o interesse de capitalistas se acenassem com altíssima rentabilidade, compensatória do risco de perda de todos os bens".[107] Por essa razão, a tendência seria que os preços dos produtos fossem mais altos de forma a cobrir custos e riscos do negócio.

A regra de responsabilização dos sócios, em razão da autonomia patrimonial, é, portanto, subsidiária. Segundo Fábio Ulhoa Coelho, "a responsabilidade dos sócios pelas obrigações sociais, além de subsidiária, pode ser limitada ou ilimitada".[108] Assim, podem os sócios responder pelo valor total das dívidas da sociedade ou apenas de maneira limitada ao valor investido. Cumpre, assim, verificar como se dá a responsabilidade dos sócios na sociedade limitada pelas obrigações sociais.

2.3.1. A regra da responsabilidade limitada dos sócios pelas obrigações sociais

A limitação da responsabilidade dos sócios pelas obrigações sociais é característica primordial das sociedades limitadas e é uma conquista

---

106 REQUIÃO, Rubens. *Curso de Direito Comercial.* vol. 1, 31ª Ed. São Paulo: Saraiva, 2012, p. 583.

107 COELHO, Fábio Ulhoa. *Curso de Direito Comercial*: Direito de Empresa. 16ª Ed. São Paulo: Saraiva, 2012, p. 434.

108 COELHO, Fábio Ulhoa. *Curso de Direito Comercial*: Direito de Empresa. 16ª Ed. São Paulo: Saraiva, 2012, p. 50.

dos empreendedores, que tiveram a possibilidade de não colocar em risco todo o seu patrimônio ao iniciar novo negócio.

Pereira Calças afirma que as sociedades limitadas, em razão da limitação da responsabilidade dos sócios ao valor de sua quota, são as preferidas entre os empreendedores.[109]

E, de fato, são as preferidas. De acordo com pesquisa realizada no *website* da Junta Comercial do Estado de São Paulo, entre janeiro de 2002 e outubro de 2020, considerando as sociedades empresárias ativas, foram abertas 1.088.674 sociedades limitadas. No mesmo período, foram abertas, dentre as sociedades ativas, 14.847 sociedades por ações, 8 sociedades em comandita simples, 5 sociedades em nome coletivo e 2 sociedades em comandita por ações.[110]

Segundo Fábio Ulhoa Coelho, a limitação da responsabilidade dos sócios é uma forma de socializar os riscos da sociedade empresária entre os agentes econômicos. É um direito-custo, pois permite reduzir os preços dos produtos ou serviços comercializados. Confira-se:

> A limitação da responsabilidade dos sócios é um mecanismo de socialização, entre os agentes econômicos, do risco de insucesso, presente em qualquer empresa. Trata-se de condição necessária ao desenvolvimento de atividades empresariais, no regime capitalista, pois a responsabilidade ilimitada desencorajaria investimentos em empresas menos conservadoras. Por fim, como direito-custo, a limitação possibilita a redução do preço de bens e serviços oferecidos no mercado.[111]

---

109 CALÇAS, Manoel de Queiroz Pereira. *Sociedade Limitada no Novo Código Civil.* São Paulo: Atlas, 2003, p. 94.

110 BRASIL. Pesquisa realizada no site da Junta Comercial do Estado de São Paulo (JUCESP). Disponível em: https://www.jucesponline.sp.gov.br/BuscaAvancada.aspx. Acesso em 14 out. 2020.

111 COELHO, Fábio Ulhoa. *Curso de Direito Comercial*: Direito de Empresa. 16ª Ed. São Paulo: Saraiva, 2012, p. 435.

A regra acerca da responsabilidade dos sócios pelas obrigações sociais na sociedade limitada está prevista no art. 1.052 do Código Civil de 2002, que repete a parte final do art. 2° do Decreto n. 3.078/1919, dispondo que "na sociedade limitada, a responsabilidade de cada sócio é restrita ao valor de suas quotas, mas todos respondem solidariamente pela integralização do capital social".

Ives Gandra da Silva Martins Filho salienta que a sociedade limitada[112]

> tem como característica diferenciadora em relação a todas as demais sociedades empresárias o fato de que a responsabilidade dos sócios é limitada ao valor de sua quota, mas, enquanto não esteja integralizado o capital social, todos respondem solidariamente pela sua integralização.[113]

Conforme Sérgio Campinho, é possível extrair duas relações jurídicas distintas do mencionado artigo do Código Civil: a relação entre a sociedade e o sócio e a relação entre o sócio e os terceiros credores da pessoa jurídica. Diante da sociedade, os sócios são responsáveis com relação apenas às suas quotas. No entanto, perante terceiros, todos os sócios respondem de maneira solidária pela integralização do capital social, isto é, pelo capital subscrito e não integralizado.[114]

Aduz o referido autor que a sociedade limitada contém a regra de que "integralizado o capital social subscrito pelos sócios, ficam eles liberados de qualquer responsabilidade, nada mais devendo cada

---

112 CALÇAS, Manoel de Queiroz Pereira. *Sociedade Limitada no Novo Código Civil.* São Paulo: Atlas, 2003, p. 94.

113 MARTINS FILHO, Ives Gandra. "As sociedades empresárias". *In:* MARTINS FILHO, Ives Gandra; MENDES, Gilmar Ferreira; FRANCIULLI, Domingos (Coord.). *O Novo Código Civil:* Homenagem ao Prof. Miguel Reale. 2ª Ed. São Paulo: LTr, 2006, p. 902.

114 CAMPINHO, Sérgio. *O Direito de Empresa à luz do Código Civil.* 12ª Ed. Rio de Janeiro: Renovar, 2011, p. 143.

qual individualmente à sociedade, nem solidariamente aos credores da pessoa jurídica".[115]

Nesse sentido já se posicionou a 1ª Câmara Reservada de Direito Empresarial do Tribunal de Justiça do Estado de São Paulo:

> Prestação de contas. Segunda fase. Julgamento ultra petita não configurado. Declaração de saldo credor, para futura execução, que é providência ínsita a esta fase da ação e independe de pedido expresso. Confusão que não subsiste. Sócio de sociedade limitada que não responde pelas dívidas sociais, senão na hipótese de não integralização do capital e até o seu limite, circunstância que sequer foi cogitada. Ausência de litigância de má-fé. Pedido de majoração dos honorários advocatícios que não comporta análise porque deduzido nas contrarrazões. Recurso improvido.[116] (grifo nosso)

No entanto, perante terceiros e de acordo com o art. 1.052 do Código Civil, caso algum sócio não tenha integralizado a sua quota, todos os sócios respondem de maneira solidária pela sua integralização.

José Edwaldo Tavares Borba afirma, com relação a esse artigo, que:

> A responsabilidade dos sócios continua, pois, limitada à integralização do capital social. Consequentemente, se algum sócio não integralizar as próprias cotas, todos os demais responderão solidariamente pela correspondente integralização.[117]

Nesse caso, como poderá o credor cobrar os sócios pela falta de integralização do capital social? Fábio Ulhoa Coelho responde a essa

---

115 CAMPINHO, Sérgio. *O Direito de Empresa à luz do Código Civil.* 12ª Ed. Rio de Janeiro: Renovar, 2011, p. 143.

116 SÃO PAULO. TJSP, 1ª Câmara Reservada de Direito Empresarial, AC n. 0124934-17.2006.8.26.0001. Rel. Des. Maia da Cunha. DJe. 15/11/2012.

117 BORBA, José Edwaldo Tavares. *Direito Societário.* 8ª Ed. Rio de Janeiro: Renovar, 2003, p. 99.

questão esclarecendo que o direito de promover a responsabilidade dos sócios é da comunhão dos credores, e não destes individualmente, tendo como pressuposto a decretação da falência da sociedade empresária.[118] Confira-se:

> Se *ABC Ltda.*, cujo capital social não está inteiramente integralizado, compra mercadorias de *DEF Ltda.,* e não as paga no vencimento, esta última não tem ação contra os sócios da primeira. *DEF* não pode, individualmente, demandar a responsabilização dos sócios de *ABC,* pela realização do capital social subscrito. Sua alternativa é a de pedir a falência da sociedade devedora. Decretada esta, o administrador judicial, atuando em nome dos interesses da coletividade dos credores (massa falida), está legitimado a propor contra os sócios da falida a ação de integralização. Este é o único meio processual existente para impor aos sócios da sociedade limitada a responsabilidade pelo capital social subscrito e não integralizado.[119]

No entanto, há quem entenda que a integralização do capital social pelos sócios possa ser realizada mediante o ajuizamento de execução individual, e não apenas na hipótese de falência. É esse o entendimento de Ricardo Negrão. O referido autor, ao se referir ao Código Civil de 2002, defende que "a lei nova, no que se refere à responsabilidade dos sócios, afasta-se da antiga redação do art. 9º do primeiro diploma, dissipando todas as dúvidas em relação à obrigação do sócio-cotista pela integralização de todo o capital social, independente do evento falimentar".[120]

No mesmo sentido, Campinho argumenta que, com o Código Civil, a falência deixou de ser condição para a concretização da

---

118 COELHO, Fábio Ulhoa. *Curso de Direito Comercial*: Direito de Empresa. 16ª Ed. São Paulo: Saraiva, 2012, p. 443.

119 COELHO, Fábio Ulhoa. *Curso de Direito Comercial*: Direito de Empresa. 16ª Ed. São Paulo: Saraiva, 2012, pp. 443/444.

120 NEGRÃO, Ricardo. *Manual de Direito Comercial e de Empresa*: Teoria Geral da Empresa e DireitoSocietário, vol.1 , 9ª Ed. São Paulo: Saraiva, 2012, p. 394.

responsabilidade solidária dos sócios, de modo que podem os credores, ao ajuizar execução judicial contra a sociedade, responsabilizar os sócios até a integralização do capital a que estão solidariamente obrigados, mas apenas no caso de ausência de patrimônio da sociedade.[121]

Nessa linha já decidiu o Tribunal de Justiça do Estado de São Paulo:

> Locação. Imóvel para fins não residenciais. Ação de Despejo por falta de pagamento acumulada com a de condenação ao pagamento de aluguéis e encargos da locação. Cumprimento de sentença. Pretensão à inclusão dos sócios de sociedade limitada no polo passivo da execução. Cabimento. Afirmação de ausência de integralização de todo o capital social. Sócios, que, desse modo, respondem com seu patrimônio pessoal até o limite do capital subscrito e não integralizado. Agravo provido.[122]

Campinho ressalta, ainda, que, se um sócio for condenado a pagar quotas ainda não integralizadas da sociedade empresária, apesar de já ter integralizado a sua parte, terá direito de ajuizar ação de regresso contra aqueles que não integralizaram suas respectivas quotas.[123]

Cumpre salientar que, nos termos do art. 1.032, do Código Civil, a retirada, exclusão ou morte do sócio não o isenta ou seus herdeiros da responsabilidade pelas obrigações sociais relativas aos dois anos subsequentes à averbação da resolução da sociedade nem pelas dívidas posteriores a esse período enquanto não for requerida a averbação no que diz respeito à retirada ou à exclusão.

Ademais, a solidariedade pela integralização do capital social nas sociedades limitadas é o traço que a diferencia das sociedades anônimas.

---

121 CAMPINHO, Sérgio *O Direito de Empresa à luz do Código Civil.* 12ª Ed. Rio de Janeiro: Renovar, 2011, pp. 202/203.

122 SÃO PAULO. TJSP, 25ª Câmara de Direito Privado, AI n. 0099029-72.2013.8.26.0000. Rel. Des. Sebastião Flávio. DJe. 11/08/2013.

123 CAMPINHO, Sérgio. *O Direito de Empresa à luz do Código Civil.* 12ª Ed. Rio de Janeiro: Renovar, 2011, p. 143.

Isso porque, "enquanto na anônima cada acionista responde no limite da parte do capital social, por ele subscrita e ainda não integralizada (...), na limitada, os sócios são responsáveis pelo total do capital social subscrito e não integralizado."[124] O autor faz a ressalva de não ser aplicável essa distinção quando o preço de emissão da ação envolve ágio.[125]

No entanto, apesar de a regra acerca da responsabilidade dos sócios pelas obrigações sociais ser restrita às suas quotas ou à integralização do capital social subscrito de maneira solidária, não se trata de uma regra absoluta. Isso porque, se o capital estiver totalmente integralizado, não serão responsabilizados os sócios por obrigações sociais de natureza negocial, ou seja, aquele que negocia com a sociedade e cuja única garantia é o patrimônio da sociedade. Esses credores não são lesados pela limitação da responsabilidade dos sócios, pois podem incluir, em seu preço, uma taxa de risco, minimizando ou evitando prejuízos. Conforme Pereira Calças, há "situações em que os sócios, mesmo já tendo integralizado suas respectivas quotas, poderão ser responsabilizados particularmente por dívidas da sociedade".[126] Tais exceções serão examinadas no capítulo seguinte.

Assim, o que se tem atualmente é a plena vigência do princípio da autonomia patrimonial para as sociedades limitadas, a significar que os sócios e a sociedade possuem personalidades jurídicas distintas, com patrimônios completamente independentes. Não se pode chegar a outra conclusão a não ser à ausência de responsabilidade dos sócios por dívidas da sociedade, que responderá com o seu patrimônio em caso de necessidade, sem afetar o patrimônio dos sócios que tiverem integralizado a sua parte no capital social.

Em síntese, se o capital social estiver totalmente integralizado, o patrimônio dos sócios não responde pelas dívidas da sociedade,

---

124 COELHO, Fábio Ulhoa. *Curso de Direito Comercial*: Direito de Empresa. 16ª Ed. São Paulo: Saraiva, 2012, p. 437.

125 COELHO, Fábio Ulhoa. *Curso de Direito Comercial*: Direito de Empresa. 16ª Ed. São Paulo: Saraiva, 2012, p. 437.

126 CALÇAS, Manoel de Queiroz Pereira. *Sociedade Limitada no Novo Código Civil*. São Paulo: Atlas, 2003, p. 94.

respondendo, no entanto, até o limite do capital não integralizado, o patrimônio pessoal dos sócios. A responsabilidade dos sócios quotistas, portanto, possui como limite o que falta para o capital social ser integralizado, lembrando que, nesse caso, há solidariedade entre os sócios perante terceiros. Mas, ao integralizar o capital social, os sócios nada devem para a sociedade, nem podem ser cobrados com o seu patrimônio pessoal pelas dívidas sociais.

E a razão da autonomia patrimonial que afasta das dívidas da sociedade o patrimônio dos sócios não é de difícil compreensão. Ao formar uma sociedade limitada para uma atividade empresarial, os empreendedores ou investidores não estão pensando em arriscar no negócio todo o patrimônio pessoal antes adquirido, no caso de eventual insucesso. Fábio Ulhoa Coelho expõe que, se assim não se entendesse, limitando o risco do investidor ao do investimento, "naturalmente os empreendedores adotariam posturas de cautela, e o resultante poderia ser a redução de novas empresas, especialmente as mais arriscadas".[127]

Não fosse assim, haveria risco de prejuízo à própria economia e à sociedade em geral. Ao lado do lucro visado pelo empreendedor ou investidor, a empresa produz ao seu derredor benefícios sociais importantes, como a geração de empregos e tributos, a produção de bens destinados ao consumidor, e outros, sendo importante lembrar que há cidades e comunidades que vivem em torno de uma determinada empresa. Caso fosse atingido o patrimônio já existente antes da constituição da empresa, poucos negócios seriam iniciados, ou, o que é até pior, seria escondido o patrimônio pessoal antes do início de qualquer atividade empresarial.

Contudo, como mencionado, essa regra não é absoluta, de modo que se faz necessário verificar quais seriam as exceções ao princípio da autonomia patrimonial das sociedades limitadas.

---

127 COELHO, Fábio Ulhoa. *Curso de Direito Comercial*: Direito de Empresa. 16ª Ed. São Paulo: Saraiva, 2012, p. 50.

CAPÍTULO III

RESPONSABILIDADE DOS SÓCIOS E A DESCONSIDERAÇÃO DA PERSONALIDADE JURÍDICA COMO EXCEÇÕES AO PRINCÍPIO DA AUTONOMIA PATRIMONIAL

Neste capítulo, será verificado em quais casos é possível relativizar o princípio da autonomia patrimonial da sociedade limitada e responsabilizar os sócios desse tipo de sociedade pela prática de irregularidades, pelas obrigações perante credores não negociais, bem como em razão da desconsideração da personalidade jurídica. Além disso, pretende-se examinar se em cada caso os Tribunais brasileiros têm responsabilizado os sócios pelas obrigações de maneira adequada.

3.1. Responsabilidade dos sócios por irregularidades

Como visto, nas sociedades limitadas, a regra comumente é a da irresponsabilidade dos sócios pelas dívidas sociais, o que se traduz na responsabilidade subsidiária limitada ao valor de suas quotas, ou na responsabilidade solidária em caso de não integralização do capital social. No entanto, como já afirmado anteriormente,[128] essa regra não é absoluta.

Isso porque há casos, além da responsabilidade solidária, em que os sócios da sociedade limitada serão chamados para responder pelas obrigações sociais mesmo já tendo integralizado a sua quota.

Uma dessas hipóteses ocorre em caso de prática de irregularidades pelos sócios e a responsabilização decorre da necessidade de sancionar e punir os ilícitos praticados.

Como bem aponta Fábio Ulhoa Coelho, "a limitação de responsabilidade é preceito destinado ao estímulo de atividades econômicas, e não pode servir para viabilizar ou acobertar práticas irregulares".[129] Considerando isso, para evitar esses tipos de conduta por parte dos sócios, relativiza-se a limitação de sua responsabilidade.

Assim, se algum sócio agir em desacordo com o contrato social ou com o disposto em lei, sua responsabilidade perante as obrigações sociais decorrentes do ilícito passa a ser ilimitada.

Haroldo Verçosa, ao tratar do art. 11, do Decreto n. 3.708/1919,[130] afirmou que o Código Civil não prevê regra semelhante porque o art. 1.064[131] ficou incompleto. Defende que o poder de administração é dos administradores apenas e, por isso, é possível considerar em vigor

---

128 V. item 2.3.1., *supra*.

129 COELHO, Fábio Ulhoa. *Curso de Direito Comercial*: Direito de Empresa. 16ª Ed. São Paulo: Saraiva, 2012, p. 441.

130 Art. 11, do Decreto 3.708/1919: "*Cabe acção de perdas e damnos, sem prejuizo da responsabilidade criminal, contra o socio que usar indevidamente da firma social ou que della abusar*". BRASIL. Decreto n. 3.708, de 10 de janeiro de 1919. Regula a constituição das sociedades por quotas, de responsabilidade limitada. Disponível em: http://www.planalto.gov.br/ccivil_03/decreto/antigos/d3708.htm. Acesso em 21 abr. 2021.

131 Art. 1.064, do Código Civil Brasileiro: "*O uso da firma ou denominação social é privativo dos administradores que tenham os necessários poderes*". BRASIL. Lei n. 10.406 de janeiro de 2002. Institui o Código Civil. Disponível em: http://www.planalto.gov.br/ccivil_03/leis/2002/l10406compilada.htm. Acesso em 21 abr. 2021.

a regra antiga, ou seja, se o sócio exercer de maneira indevida a função de administrador responderá pessoal, solidária e ilimitadamente perante a sociedade e terceiros.[132]

Da mesma forma, se sócios e administradores aprovarem deliberações envolvendo questões que infrinjam o contrato social ou a lei, sua responsabilidade também será ilimitada. É o que diz o art. 1.080, do Código Civil: "as deliberações infringentes do contrato ou da lei tornam ilimitada a responsabilidade dos que expressamente as aprovaram".

Nesse contexto, Gonçalves Neto afirma que, se a deliberação for nula, anulável, ineficaz ou irregular e provocar danos a sócio, à sociedade ou a terceiros, será considerada como ato ilícito, sendo necessária a reparação.[133] E a obrigação pela reparação torna-se ilimitada. Confira-se:

> Se a sociedade, por seus sócios, delibera distribuir dividendos quando não há lucros ou proceder ao rateio de lucros existentes de forma contrária à participação definida no contrato social, delibera ilicitamente e o sócio atingido pelo prejuízo, ou a própria sociedade, privada de recursos que deviam ser mantidos em seu patrimônio, pode agir contra os responsáveis por essa ocorrência. Daí a *responsabilidade ilimitada* dos sócios que contribuíram com seu voto para aprová-la. Essa responsabilidade é, como o é toda e qualquer responsabilidade decorrente de ato ilícito, pela reparação do dano integral, sem limitação.[134] (grifos do autor)

Ainda de acordo com o referido autor, em regra, a responsabilidade é solidária entre os sócios que contribuíram com seu voto para aprovar

---

132 VERÇOSA, Haroldo Malheiros Duclerc. *Direito Comercial.* vol. 2, 3ª Ed. São Paulo: Revista dos Tribunais, 2014, pp. 364/365.

133 GONÇALVES NETO, Alfredo de Assis. *Direito de Empresa*: comentários aos artigos 966 a 1.195 do Código Civil. 4ª Ed. São Paulo: Revista dos Tribunais, 2012, p. 428.

134 GONÇALVES NETO, Alfredo de Assis. *Direito de Empresa*: comentários aos artigos 966 a 1.195 do Código Civil. 4ª ed. São Paulo: Editora Revista dos Tribunais, 2012, p. 428.

a deliberação considerada ilícita e o direito de anular as deliberações ilícitas realizadas pela sociedade limitada prescreve em três anos, nos termos do art. 206, § 3º, VI e VII, do Código Civil.

Rubens Requião pondera que o sócio, "ultrapassando os preceitos de legalidade, praticando atos como sócio, contrários à lei ou ao contrato, torna-se pessoal e ilimitadamente responsável pelas consequências de tais atos".[135]

A jurisprudência do Tribunal de Justiça do Estado de São Paulo caminha no mesmo sentido:

> EMBARGOS A EXECUÇÃO - Simples encerramento fático da atividade social - Caracterização de conduta ilícita dos sócios - Imputação de responsabilidade solidária e ilimitada, perante terceiros, independentemente da presença dos pressupostos da teoria da desconsideração da personalidade jurídica. - Sentença mantida - Recurso improvido.[136]
>
> AGRAVO DE INSTRUMENTO Incidente de desconsideração da personalidade jurídica Acolhimento do incidente Recurso do requerido Formação de grupo econômico Desconsideração da personalidade jurídica das empresas rés, com a inclusão de seus sócios no polo passivo da ação de execução movida pelo ora agravado Agravante que ostentava a posição de sócio e administrador da empresa PREMIER FOODS LTDA. durante a prática dos ilícitos noticiados no transcurso do feito – Conjunto dos autos que permite concluir não ser crível que o recorrente não tenha participado do engodo orquestrado ou que ignorasse as inúmeras práticas ilícitas ocorridas, com o nítido propósito de lesar credores, as quais muito provavelmente se deram com o seu consentimento Abuso da personalidade Desvio de finalidade caracterizado Inteligência do art. 50 do Código Civil

---

135 REQUIÃO, Rubens. *Manual de Direito Comercial e de Empresa*: Teoria Geral da Empresa e Direito Societário, vol.1 , 9ª Ed. São Paulo: Saraiva, 2012, p. 589.

136 SÃO PAULO. TJSP, 21ª Câmara de Direito Privado, AC n. 7.327.519-1. Rel. Des. Itamar Gaino. DJe. 29/04/2009.

Desconsideração da personalidade jurídica que permite a responsabilidade ilimitada e solidária dos sócios Precedentes do TJSP Decisão mantida RECURSO DESPROVIDO.[137]

Sociedade limitada por quotas, "fechada" de fato - Elementos nos autos que autorizam o decreto de desconsideração - O "fechamento de fato" da sociedade empresária, com a cessação de suas atividades sem a correspondente baixa no registro do comércio, constitui atitude que pode permitir a aplicação da teoria da desconsideração. Age de forma lícita a sociedade empresária que faz a "baixa" regular de sua inscrição na Junta, cessando formalmente suas atividades; alternativamente, se não tiver condições de efetuar tal "baixa" (v.g., por ter dívidas em aberto), deve valer-se do art. 105 da Lei 11.101/05, a Lei de Recuperação e Falências, e requerer sua auto-falência, na qual explicitará as causas de sua derrocada, salvaguardando assim o patrimônio pessoal de seus sócios quotistas, ao comprovar a inexistência de atos ilícitos, ao demonstrar que a falência foi apenas resultado do natural risco da atividade empresarial. [...] - Ato ilícito -Responsabilidade do sócio gerente pela totalidade do débito exequendo, independentemente da proporção da participação no capital social, a teor do art. 1080 do Código Civil. - Embargos parcialmente acolhidos - Recurso parcialmente provido.[138] (grifos nossos)

INCIDENTE DE DESCONSIDERAÇÃO DA PERSONALIDADE JURÍDICA – ADMISSIBILIDADE - Os elementos constantes dos autos evidenciam que houve infração à lei e ao contrato pelos sócios – Empresa devedora que teve seu encerramento irregular – Não é razoável que os sócios declarem no contrato social um capital social de R$ 2.160.000,00 e logo depois vêm desaparecer com todo o patrimônio da empresa - Possibilidade de inclusão dos sócios no polo passivo, em razão da responsabilidade solidária e ilimitada, como já previa o art.

---

137 SÃO PAULO. TJSP, 24ª Câmara de Direito Privado, AI n. 2132269-08.2019.8.26.0000. Rel. Des. Jonize Sacchi de Oliveira. DJe. 30/07/2020.

138 SÃO PAULO. TJSP, 35ª Câmara de Direito Privado, AC n. 9134383-15.2007.8.26.0000. Rel. Des. Manoel Justino Bezerra Filho. DJe. 23/09/2010.

> 10 do Decreto nº 3.708/19, reiterado pelo art. 1.080 do Código Civil – Responsabilidade patrimonial que deve ser reconhecida, nos termos do art. 790, VII, CPC - RECURSO PROVIDO.[139]

Com relação ao art. 1.080, do Código Civil, Haroldo Verçosa aduz que os sócios que adotarem deliberações em assembleias contrárias ao contrato social ou à lei, serão ilimitadamente responsáveis pelos atos danosos. No entanto, não serão responsáveis aqueles que não agirem de tal modo.[140] Salienta o autor que, para provar a dissidência, basta o sócio interessado demonstrar que não aprovou expressamente a deliberação que infringe a lei ou o contrato social.[141]

Campinho, contudo, alega que deve ser considerado responsável de maneira ilimitada aquele sócio que é conivente com a prática do ato ilícito e, mesmo que não atue concreta e ativamente, deixa de agir para impedir sua prática.[142]

No entanto, é forçoso concordar com Verçosa e com Fábio Ulhoa Coelho com relação a essa questão, vez que a lei, ao se referir à responsabilidade dos que aprovaram as deliberações, utiliza o termo "expressamente". Nesse sentido é a posição de Fábio Ulhoa Coelho:

> Para que o sócio seja responsabilizado, com base no art. 1.080 do CC, é indispensável tenha se manifestado por escrito, ao contribuir para a deliberação infringente da lei ou do contrato. O documento, exige-o aquele dispositivo legal, ao se referir à responsabilização dos sócios que *expressamente* tenham adotado

139 SÃO PAULO. TJSP, 23ª Câmara de Direito Privado, AI n. 2140064-36.2017.8.26.0000. Rel. Sérgio Shimura. DJe. 27/09/2017.

140 VERÇOSA, Haroldo Malheiros Duclerc. *Direito Comercial*. vol. 2, 3ª Ed. São Paulo: Revista dos Tribunais, 2014, p. 364.

141 VERÇOSA, Haroldo Malheiros Duclerc. *Direito Comercial*. vol. 2, 3ª Ed. São Paulo: Revista dos Tribunais, 2014, p. 364.

142 CAMPINHO, Sérgio. *O Direito de Empresa à luz do Código Civil*. 12ª Ed. Rio de Janeiro: Renovar, 2011, p. 206.

a deliberação contra parceiros legais ou contratuais.[143] (grifo do autor)

De qualquer modo, é unânime a posição tanto da doutrina quanto da jurisprudência de que, em caso de cometimento de ato ilícito, contrariando o contrato social ou a lei, a responsabilidade dos sócios passa a ser ilimitada perante terceiros e perante a sociedade, sendo, portanto, uma exceção à autonomia patrimonial da sociedade limitada.

3.2. Desconsideração da personalidade jurídica

Outra exceção ao princípio da autonomia patrimonial da sociedade limitada é a desconsideração da personalidade jurídica como forma de punir atos ilícitos praticados pelos sócios por trás da personalidade jurídica da sociedade, atingindo seus patrimônios pessoais pelo desvirtuamento do princípio da responsabilidade limitada ao capital social.

Faz-se necessário, assim, verificar seu conceito, sua origem, seu caso emblemático e a aplicação da teoria. É o que se fará a seguir.

3.2.1. Desconsideração da personalidade jurídica, sua origem e seu caso emblemático

A teoria da desconsideração da personalidade jurídica envolve a não observância dos efeitos da personificação da sociedade empresária como forma de atingir o patrimônio dos sócios, chamada, também, de doutrina da penetração.[144]

Para Marlon Tomazette, embora considere perigosas as definições, desconsideração da personalidade jurídica é

---

143 COELHO, Fábio Ulhoa. *Curso de Direito Comercial*: Direito de Empresa. 16ª Ed. São Paulo: Saraiva, 2012, p. 442.

144 REQUIÃO, Rubens. *Manual de Direito Comercial e de Empresa*: Teoria Geral da Empresa e Direito Societário, vol.1 , 9ª Ed. São Paulo: Saraiva, 2012, p. 458.

> a retirada episódica, momentânea e excepcional da autonomia patrimonial da pessoa jurídica, a fim de estender os efeitos de suas obrigações à pessoa de seus titulares, sócios ou administradores, com o fim de coibir o desvio da função da pessoa jurídica, perpetrado por estes.[145]

Raphael de Barros Monteiro Filho, Ralpho Waldo de Barros Monteiro, Ronaldo de Barros Monteiro e Ruy Carlos de Barros Monteiro conceituam desconsideração da personalidade jurídica como

> a inobservância especial e episódica da autonomia jurídica da pessoa moral, para o fim de estender a seus membros ou administradores os efeitos de certas obrigações, em caso de abuso da personalidade jurídica e se a entidade não possuir bens suficientes à satisfação dessas mesmas obrigações.[146]

Conforme Fábio Ulhoa Coelho, o objetivo da desconsideração da personalidade jurídica é coibir a fraude sem que, com isso, fique prejudicada a pessoa jurídica e sua autonomia patrimonial.[147]

Da mesma forma, J. Lamartine Corrêa de Oliveira aduz que "as técnicas de *disregard* ou de *Durchgriff* são o mais agudo sintoma de crise de função. Elas denunciam a existência de um desvio do instituto – da função que lhe foi assinalada pelo legislador".[148]

Essa preocupação de proibir a prática de fraudes por intermédio da pessoa jurídica, valendo-se de sua autonomia patrimonial, ficou em

---

145 TOMAZETTE, Marlon. *Curso de Direito Empresarial*: Teoria Geral e Direito Societário. vol. 1, 6ª Ed. São Paulo: Atlas, 2014, p. 241.

146 MONTEIRO FILHO, Raphael de Barros *et al*. *In*: TEIXEIRA, Sálvio de Figueiredo (Coord.). *Comentários ao novo Código Civil* das pessoas (arts. 1º a 78). vol. 1, 2ª Ed. Rio de Janeiro: Forense, 2012, pp. 784/785.

147 COELHO, Fábio Ulhoa. *Curso de Direito Comercial*: Direito de Empresa. 16ª Ed. São Paulo: Saraiva, 2012, p. 59.

148 OLIVEIRA, J. Lamartine Corrêa de. *A dupla crise da pessoa jurídica*. São Paulo: Saraiva, 1979, p. 608.

evidência no século XIX, quando os tribunais e a doutrina passaram a se ocupar da questão do uso da pessoa jurídica de maneira fraudulenta pelos sócios.

Com base em teorias como a da soberania de Haussmann e Mossa, relata Marlon Tomazette, buscou-se formas para de fato impedir práticas sociais fraudulentas. Essa tentativa, que foi formulada para sociedades de capitais para imputar a responsabilidade ao controlador dessas sociedades, no entanto, não obteve pleno desenvolvimento, uma vez que não conseguiram consolidar um método geral que não ferisse o ireito.[149]

Segundo Coelho, "os juízes, sempre que se deparavam com o uso indevido da pessoa jurídica, por um ou por outro fundamento, acabavam por sancionar esse uso e impedir, dessa forma, a fraude".[150] Por essa razão, e dada a lacuna legal, a doutrina passou a buscar fundamentos por meio dos quais seria possível evitar a fraude sem desvirtuar o instituto da pessoa jurídica.[151]

Nesse contexto, em 1912, o americano Maurice Wormser[152] tratou da desconsideração da personalidade jurídica, fazendo referência à retirada do véu da pessoa jurídica (*piercing the veil of corporate entity*). O autor procurou examinar em quais casos o conceito de entidade poderia ser ignorado e demonstrar como os tribunais, cada vez mais, estavam frustrando tentativas de cometimento de iniquidade ou fraude para

---

149 TOMAZETTE, Marlon. *Curso de Direito Empresarial: Teoria Geral do Direito Societário*. vol. 1, 6ª Ed. São Paulo: Atlas, 2014, p. 70

150 COELHO, Fábio Ulhoa. "A teoria da desconsideração da personalidade jurídica". *In*: *Estudos de Direito Público São Paulo*: Associação dos Advogados da Prefeitura do Município de São Paulo, n. 1, jan-jun, 1984, p. 45.

151 COELHO, Fábio Ulhoa. "A teoria da desconsideração da personalidade jurídica". *In*: *Estudos de Direito Público São Paulo*: Associação dos Advogados da Prefeitura do Município de São Paulo, n.1, jan-jun, 1984, p. 45.

152 WORMSER, Maurice. *Piercing the veil of Corporate Entity*. 12 Colum. L. Rev. 496, 1912. Disponível em: http://heinonline.org/HOL/LandingPage?handle=hein.journals/clr12&div=44&id=&page=. Acesso em 28 jan. 2014.

conseguir monopólio ou realizar injustiças, sob o pretexto de se estar sob o véu de uma pessoa jurídica.[153]

Ao final de seu artigo, Maurice Wormser chegou à seguinte regra geral:

> ...quando a concepção de pessoa jurídica é utilizada para fraudar credores, para fugir de uma obrigação existente, para burlar a lei, para obter ou perpetuar o monopólio, ou proteger desonestidade ou crime, os tribunais vão tirar de lado a teia da entidade, irá considerar a empresa como uma associação de pessoas, homens e mulheres e vai fazer justiça entre pessoas reais.[154]

Maurice Wormser faz referência ao caso julgado pela Suprema Corte dos Estados Unidos *Bank of United States v.* Deveaux, em 15 de março 1809, em que o magistrado John Marshall, para preservar a jurisdição das cortes federais sobre as corporações, foi compelido a olhar além da personalidade jurídica da corporação, ou seja, para os indivíduos que a compunham.

O caso tem como parte o Banco dos Estados Unidos, que foi constituído por um ato de incorporação de subscritores do banco, no estado da Pensilvânia em 1791. Em 1805, o estado da Geórgia aprovou uma lei que permitia tributar uma das agências do banco localizada neste estado.

Todavia, o banco se recusou a pagar tais impostos, e funcionários do Fisco apreenderam depósitos para satisfazer o débito.

Os subscritores do banco residentes na Pensilvânia, por sua vez, entraram com uma ação no Tribunal Federal contra Peter Deveaux e

---

153 WORMSER, Maurice. *Piercing the veil of Corporate Entity*. 12 Colum. L. Rev. 496, 1912, p. 497. Disponível em: http://heinonline.org/HOL/LandingPage?handle=hein.journals/clr12&div=44&id=&page=. Acesso em 28 jan. 2014.

154 WORMSER, Maurice. *Piercing the veil of Corporate Entity*. 12 Colum. L. Rev. 496, 1912, p. 517. Disponível em: http://heinonline.org/HOL/LandingPage?handle=hein.journals/clr12&div=44&id=&page=. Acesso em 28 jan. 2014.

Thomas Robertson, os coletores de impostos da Georgia, para reaver os valores retidos quando o banco se recusou ao pagamento.

A discussão que se sucedeu girou em torno de questionamentos quanto à jurisdição ou não do Tribunal Federal para decidir sobre a matéria por envolver partes de estados diferentes, além de se questionarem quanto ao banco ser ou não pessoa com proteções constitucionais para pretender direitos em juízo.

Deveaux, então, alegou que o banco não era um cidadão para processar num Tribunal Federal, com base na diversidade de jurisdição, e, portanto, o Tribunal não tinha competência para isso; mas se a pessoa do banco fosse cidadã para tal fim, não haveria, igualmente, diversidade de jurisdição, dado que alguns de seus acionistas residiam na Geórgia.

A tese do coletor de impostos foi acolhida pelo Tribunal e, apesar de o tribunal da primeira instância ter alegado incompetência para julgar a matéria, fora rebatido pelo Tribunal Superior, que o considerou apto para o julgamento, confirmando, portanto, a jurisdição da diversidade.

Enfim, a argumentação do Tribunal foi no sentido de que mesmo se o banco e os funcionários envolvidos no caso fossem residentes do mesmo estado, seria necessário determinar a cidadania das pessoas reais envolvidas no caso para se julgar.

Ou seja, por ocasião do julgamento, a Corte entendeu que o direito de as corporações litigarem nos Estados Unidos dependia da cidadania de seus membros e que a pessoa jurídica como tal não poderia ser cidadã. Reconheceu, assim, a possibilidade de uma corporação composta de cidadãos de um estado processar um cidadão de outro estado nas cortes federais.[155]

---

155 ESTADOS UNIDOS. Suprema Corte dos Estados Unidos, Bank of the United States v. Deveaux, 9 U.S. 5 Cranch 61. Disponível em: http://supreme.justia.com/cases/federal/us/9/61/case.html. Acesso em 12 fev. 2014.

O Tribunal, então, proferiu sentença em favor dos funcionários do Fisco, por 6 votos a 0.[156]

Assim, há quem entenda, como é o caso de Flávia Maria Clápis, que o caso *Bank of United States v.* Deveaux, julgado em 1809, foi primeiro a discutir a desconsideração da personalidade jurídica:

> Com efeito, a teoria da desconsideração foi primeiramente difundida no ordenamento norte-americano, através de manifestação da jurisprudência de 1809, no caso Bank of Unites States vs. Deveaux, por meio do qual o Juiz Marshall, "com a intenção de preservar a jurisdição das cortes federais sobre corporations, já que a Constituição Federal Americana, no seu artigo 3o, seção 2a, limita tal jurisdição às controvérsias entre cidadãos de diferentes estados, conheceu da causa", levantando o véu, de modo a reconhecer o conflito estabelecido entre os indivíduos que por trás da pessoa jurídica atuavam.[157]

Contudo, a maior parte da doutrina defende que a teoria da desconsideração da personalidade jurídica surgiu na Inglaterra, com o julgamento do caso *Salomon v. Salomon & Co. Ltd.*, em 1897, sendo conhecida a referida teoria como *disregard of legal entity* ou *disregard doctrine.* Rubens Requião, com apoio em Piero Verrucoli, entende que a teoria surgiu na jurisprudência inglesa.[158] No mesmo sentido, Pereira Calças afirma que a

---

156 Posteriormente, Marshall e outros membros da Corte supostamente expressaram pesar sobre a decisão, porque ela limitava severamente o direito das corporações de processar ou ser processadas em tribunal federal e, assim, diminuir o poder judicial federal. HALL, Kermit L; ELY JR., James W. *The Oxford Guide to the United States Supreme Court Decisions.* 2ª Ed. Reino Unido: Oxford University Press, 2009. Disponível em: https://www.oxfordreference.com/view/10.1093/oi/authority.20110803095445381. Acesso em 9 nov. 2020.

157 CLÁPIS, Flávia Maria de Morais Geraigire. *Desconsideração da personalidade jurídica.* Dissertação de Mestrado em Direito Comercial pela Pontifícia Universidade Católica de São Paulo, São Paulo, 2006. Disponível em: http://www.dominiopublico.gov.br/download/teste/arqs/cp011763.pdf. Acesso em 12 fev. 2014.

158 REQUIÃO, Rubens. *Manual de Direito Comercial e de Empresa*: Teoria Geral da Empresa e Direito Societário, vol.1 , 9ª Ed. São Paulo: Saraiva, 2012, p. 458.

teoria teve origem na Inglaterra em razão de importante caso julgado pelas cortes londrinas.[159] Da mesma forma, Fábio Ulhoa Coelho reconhece que alguns autores identificam o caso *Salomon v. Salomon & Co. Ltd.* como a primeira aplicação da teoria da desconsideração.[160]

Independentemente de o caso *Salomon v. Salomon & Co. Ltd.* ter sido ou não o primeiro a tratar da desconsideração da personalidade jurídica, fato é que se tornou um caso paradigmático.

O caso envolve Aaron Salomon, comerciante de botas de couro muito bem-sucedido, que por muitos anos foi o único proprietário de seu negócio. Em 1892, seus filhos demonstraram interesse em fazer parte da sociedade e, assim, o Sr. Salomon constituiu uma *company* com responsabilidade limitada – semelhante a uma sociedade anônima fechada brasileira[161] – com sua esposa e seus cinco filhos, cedendo o fundo de comércio à sociedade fundada. Em consequência, recebeu 20.001 ações e seus filhos e esposa receberam 1 ação cada para a integração da quantia pela incorporação do fundo de comércio, totalizando 20.0076 ações (*Reading The Legal Case: Cross-Currents between Law and the Humanities*).

O Sr. Salomon recebeu 10.000 libras esterlinas a título de obrigações garantidas, mas, na sequência, a sociedade foi à falência e seu ativo não era suficiente para cumprir com as obrigações garantidas, não restando qualquer patrimônio para os credores quirografários. O liquidante alegou que o Sr. Salomon utilizou artifício para limitar sua responsabilidade, e que era, de fato, o único sócio, motivo pelo qual deveria ser condenado ao pagamento das dívidas da *company*.

O juízo de primeira instância e a Corte (*Court of Appeal*) concordaram com essa tese e entenderem que a *company* era uma entidade

---

159 CALÇAS, Manoel de Queiroz Pereira. *Sociedade Limitada no Novo Código Civil.* São Paulo: Atlas, 2003, p. 156.

160 COELHO, Fábio Ulhoa. *Curso de Direito Comercial*: Direito de Empresa. 16ª Ed. São Paulo: Saraiva, 2012, p. 63.

161 TOMAZETTE, Marlon. *Curso de Direito Empresarial: Teoria Geral e Direito Societário.* vol. 1, 6ª Ed. São Paulo: Atlas, 2014, p. 242.

fiduciária de Aaron Salomon e que ele continuou sendo proprietário de seu fundo de comércio, determinando, assim, a desconsideração da personalidade jurídica da *Salomon & Salomon Co. Ltd.*

Contudo, a Casa dos Lordes (*House of Lords*) reformou essa decisão por considerar que a sociedade havia sido constituída de maneira válida, não sendo Aaron Salomon pessoalmente responsável diante dos credores.[162]

Muito embora tenham sido reformadas as decisões das instâncias inferiores, a teoria da desconsideração da personalidade jurídica ecoou na Inglaterra e passou a ser adotada em diversos países europeus, como na Alemanha.[163]

Mas, apesar de Maurice Wormser ter feito referência à desconsideração da personalidade jurídica em 1912, considera-se que o principal sistematizador dessa teoria foi Rolf Serick, em 1953, quando da defesa de sua tese de doutorado na Universidade de Tübingen,[164] na qual coletou jurisprudência da Inglaterra, da Alemanha e dos Estados Unidos[165] em que o uso da pessoa jurídica foi, de alguma forma, reprimido.[166]

Rolf Serick, em sua sintetização dos fundamentos da desconsideração da personalidade jurídica, acentuou seu caráter subjetivista, ressaltando, em primeiro lugar, a necessidade de demonstração da ocorrência de uso fraudulento ou abusivo da autonomia patrimonial

---

162 REQUIÃO, Rubens. *Manual de Direito Comercial e de Empresa*: Teoria Geral da Empresa e Direito Societário, vol.1 , 9ª Ed. São Paulo: Saraiva, 2012, pp. 458/459.

163 REQUIÃO, Rubens. *Manual de Direito Comercial e de Empresa*: Teoria Geral da Empresa e Direito Societário, vol.1 , 9ª Eed. São Paulo: Saraiva, 2012, p. 459.

164 COELHO, Fábio Ulhoa. *Curso de Direito Comercial*: Direito de Empresa. 16ª Ed. São Paulo: Saraiva, 2012, p. 59.

165 COELHO, Fábio Ulhoa. "Lineamentos da teoria da desconsideração da pessoa jurídica". *Revista do Advogado.* São Paulo: Associação dos Advogados de São Paulo, n. 36, março, 1992, p. 38.

166 COELHO, Fábio Ulhoa. "A teoria da desconsideração da personalidade jurídica". *Estudos de Direito Público. São Paulo*: Associação dos Advogados da Prefeitura do Município de São Paulo, n. 1, jan-jun, 1984, p. 44.

para a desconsideração. O segundo fundamento formulado pelo autor alemão diz respeito à validade da ideia da separação patrimonial da pessoa jurídica, já que aquilo que se condena é o mau uso desta.[167]

Verifica-se, assim, que a teoria da desconsideração da personalidade jurídica ou *disregard of legal entity* surgiu a partir de uma construção jurisprudencial nos Estados Unidos de maneira mais genérica e na Inglaterra de maneira mais específica, envolvendo a prática de fraude sob a proteção da limitação da responsabilidade dos sócios. Diante desses casos em que os tribunais procuravam sancionar e impedir a prática de fraudes, a doutrina procurou traçar fundamentos para a correta aplicação da teoria da desconsideração da personalidade jurídica.

3.2.2. A desconsideração da personalidade jurídica no Brasil e a introdução doutrinária de Rubens Requião

O Código Comercial de 1850, sem fazer qualquer menção à desconsideração da personalidade jurídica, previa, em seu art. 350, que os bens dos sócios não poderiam ser executados antes dos bens da sociedade: "Os bens particulares dos sócios não podem ser executados por dívidas da sociedade, senão depois de executados todos os bens sociais".

Entende-se, contudo, que, historicamente, o fundamento legal da teoria da desconsideração da personalidade jurídica é o art. 21, III, do Código Civil de 1916:

> Historicamente fundamentada no art. 21 do Código Civil de 1916, na parte final do inciso III, a teoria do superamento apenas recentemente vem sendo enfrentada pelos tribunais. De fato, em sua origem, já se previu seu término "quando a pessoa

---

167 COELHO, Fábio Ulhoa. "Lineamentos da teoria da desconsideração da pessoa jurídica". *Revista do Advogado*. São Paulo: Associação dos Advogados de São Paulo, n. 36, março, 1992, p. 42.

> jurídica incorra em atos opostos aos seus fins ou nocivos ao bem público".[168]

Requião afirma que a Consolidação das Leis do Trabalho, ao conceber como única entidade econômica a união de empresas, já admitia a aplicação da desconsideração da personalidade jurídica, pois permitia desprezar a personalidade jurídica das empresas e penetrar no véu que as individualiza.[169]

Apesar de o fundamento legal remontar ao Código Civil de 1916, um dos primeiros julgados envolvendo a relativização da autonomia patrimonial em razão de mau uso da personalidade jurídica é de 1955, de relatoria do desembargador Edgard de Moura Bittencourt, do Tribunal de Alçada do Estado de São Paulo. No caso, o mencionado desembargador ponderou o seguinte:

> A assertiva de que a pessoa da sociedade não se confunde com a pessoa dos sócios é um princípio jurídico, mas não pode ser um tabu, a entravar a própria ação do Estado, na realização de perfeita e boa justiça, que outra não é a atitude do juiz procurando esclarecer os fatos para ajustá-los ao ireito.[170]

Assim, resta claro que a aplicação da desconsideração da personalidade jurídica não fora obstada pela ausência de dispositivo legal, como deve se notar,

> a preocupação dos doutrinadores com a fundamentação legal levava-os a recorrer às regras gerais de eficácia do ato jurídico,

---

168 NEGRÃO, Ricardo. *Manual de Direito Comercial e de Empresa*: Teoria Geral da Empresa e Direito Societário, vol.1 , 9ª Ed. São Paulo: Saraiva, 2012, p. 271.

169 REQUIÃO, Rubens. "Abuso de direito e fraude através da personalidade jurídica". *Revista dos Tribunais*. vol. 410, São Paulo: Revista dos Tribunais, 1969. Republicado na Revista dos Tribunais, vol. 803, ano 91, setembro. São Paulo: Revista dos Tribunais, 2002, p. 760.

170 SÃO PAULO. TJSP. Apelação Cível n. 9.247. 2ª Câmara Civil do Tribunal de Alçada de São Paulo. Rel. Des. Edgard de Moura Bittencourt. DJe. 11/04/1955.

> quais sejam a do fim lícito (Código Civil de 1916, art. 82, hoje, art. 104 CC/2002), a do regime legal de nulidades (art. 145 do Código Civil de 1916, correspondente aos arts. 166 e 167 do CC/2002) e de anulabilidades (arts. 86 a 102 do Código Civil de 1916, correspondentes aos arts. 138 a 155 do CC/2002), como princípios que autorizavam a desconsideração e que permitiam, por exemplo, identificar o fim ilícito dos sócios de uma pessoa jurídica quando a sua vontade substituía a dela e os punir, sem, entretanto, desconstruir a pessoa jurídica.[171]

Ou seja, subentendia-se que, na prática, cabia aos juízes decidir se aplicariam ou não o instituto quando diante de "defeitos dos atos jurídicos, principalmente a fraude, o dolo e a simulação", como, novamente, bem asseverou Suzy Koury.[172]

A teoria da desconsideração da personalidade jurídica ou *disregard of legal entity* propriamente dita apenas veio a ser abordada, pela primeira vez, por Rubens Requião na década de 1960.[173]

Em conferência realizada na Faculdade de Direito da Universidade Federal do Paraná, em 1969, quando do primeiro centenário do nascimento do Des. Vieira Cavalcanti Filho, fundador da faculdade e seu primeiro catedrático em Direito Comercial, Rubens Requião sustentou, com apoio nas monografias do alemão Rolf Serick, do italiano Piero Verrucoli e do argentino Gervásio R. Colombres,[174] a aplicação da desconsideração da personalidade jurídica como forma de solucionar

---

171 KOURY, Suzy Elizabeth Cavalcante. A desconsideração da personalidade jurídica (disregard doctrine) e os grupos de empresas . 4ª Ed. São Paulo: LTr, 2018, p. 124.

172 KOURY, Suzy Elizabeth Cavalcante. A desconsideração da personalidade jurídica (disregard doctrine) e os grupos de empresas . 4ª Ed. São Paulo: LTr, 2018, p. 125.

173 COELHO, Fábio Ulhoa. *Curso de Direito Comercial*: Direito de Empresa. 16ª Ed. São Paulo: Saraiva, 2012, p. 60.

174 REQUIÃO, Rubens. "Abuso de direito e fraude através da personalidade jurídica". *Revista dos Tribunais*. vol. 410, São Paulo: Revista dos Tribunais, 1969.

o grave impasse nos casos em que a autonomia patrimonial da pessoa jurídica fosse motivo para encobrir a fraude que resultaria em prejuízo dos credores.

Foi Requião quem propôs a tradução das expressões *disregard of legal entity* e *lifting the corporate veil* como "desconsideração da personalidade jurídica" ou "desestimação da personalidade jurídica" e "levantamento do véu corporativo", respectivamente.[175]

Naquela ocasião, Requião afirmou que a desconsideração da personalidade jurídica é "caso de declaração de ineficácia especial da personalidade jurídica para determinados efeitos, prosseguindo, todavia, a mesma incólume para seus outros fins legítimos".[176]

Além de conceituar o instituto, o referido autor afirmou ser a teoria da desconsideração da personalidade jurídica compatível com o sistema jurídico brasileiro, vez que,

> diante do abuso de direito e da fraude no uso da personalidade jurídica, o juiz brasileiro tem o direito de indagar, em seu livre convencimento, se há de consagrar a fraude ou o abuso de direito ou se deva desprezar a personalidade jurídica, para, penetrando em seu âmago, alcançar as pessoas e bens que dentro dela se escondem para fins ilícitos ou abusivos.[177]

Republicado na Revista dos Tribunais, vol. 803, ano 91, setembro. São Paulo: Revista dos Tribunais, 2002, p. 752.

175 REQUIÃO, Rubens. "Abuso de direito e fraude através da personalidade jurídica". *Revista dos Tribunais*. vol 410, São Paulo: Revista dos Tribunais, 1969. Republicado na Revista dos Tribunais, vol. 803, ano 91, setembro. São Paulo: Revista dos Tribunais, 2002, p. 752.

176 REQUIÃO, Rubens. "Abuso de direito e fraude através da personalidade jurídica". *Revista dos Tribunais*, vol. 410. São Paulo: RT, 1969. Republicado na Revista dos Tribunais, vol. 803, ano 91, setembro. São Paulo: Revista dos Tribunais, 2002, p. 753.

177 REQUIÃO, Rubens. "Abuso de direito e fraude através da personalidade jurídica". *Revista dos Tribunais*, vol. 410. São Paulo: RT, 1969. Republicado na Revista dos Tribunais, vol. 803, ano 91, setembro. São Paulo: RT, 2002, p. 753.

O citado autor tratou, ainda, dos fundamentos da desconsideração da personalidade jurídica. Segundo ele, a personalidade jurídica é, antes de tudo, uma criação legal e uma das suas consequências é a autonomia patrimonial. Inicialmente, a personalidade jurídica foi considerada como um direito absoluto, de modo que não era possível "levantar o véu da sociedade empresária" para atingir os bens de seus sócios.[178]

No entanto, com a teoria da desconsideração da personalidade jurídica, esse direito passou a ser relativizado sob o seguinte fundamento: se a personalidade jurídica é uma criação da lei, conferida pelo Estado, nada impede que o próprio Estado verifique se esse direito está sendo exercido de maneira adequada e determine seus limites.[179] Desse modo, permite-se que o juiz desconsidere a personalidade jurídica da sociedade para sancionar abusos ou fraudes.[180]

Assim, Requião entende que a teoria da desconsideração pode ser aplicada, mas com cautela e apenas em casos excepcionais envolvendo fraude e abuso de direito.[181] Para o autor, nos termos do art. 67 do Projeto do Código de Obrigações, ato fraudulento seria negócio jurídico tramado para prejudicar credores em benefício do declarante ou de

---

178 REQUIÃO, Rubens. "Abuso de direito e fraude através da personalidade jurídica". *Revista dos Tribunais*, vol. 410. São Paulo: RT, 1969. Republicado na Revista dos Tribunais, vol. 803, ano 91, setembro. São Paulo: RT, 2002, p. 754.

179 REQUIÃO, Rubens. "Abuso de direito e fraude através da personalidade jurídica". *Revista dos Tribunais*, vol. 410. São Paulo: Revista dos Tribunais, 1969. Republicado na Revista dos Tribunais, vol. 803, ano 91, setembro. São Paulo: Revista dos Tribunais, 2002, p. 760.

180 REQUIÃO, Rubens. "Abuso de direito e fraude através da personalidade jurídica". *Revista dos Tribunais*, vol. 410. São Paulo: RT, 1969. Republicado na Revista dos Tribunais, vol. 803, ano 91, setembro. São Paulo: Revista dos Tribunais, 2002, p. 754.

181 REQUIÃO, Rubens. "Abuso de direito e fraude através da personalidade jurídica". *Revista dos Tribunais*, vol. 410. São Paulo: RT, 1969. Republicado na Revista dos Tribunais, vol. 803, ano 91, setembro. São Paulo: RT, 2002, p. 763.

terceiros.[182] Abuso de direito, por sua vez, independeria da intenção de prejudicar terceiros e seria o uso inadequado de um direito.[183]

Rubens Requião finaliza, então, dizendo que a pessoa jurídica não pode ser equiparada à pessoa humana, mas isso não significa que a desconsideração da personalidade, por essa razão, possa ser realizada de maneira exagerada, destruindo o instituto da personalidade jurídica, tão caro ao direito. Veja-se:

> É preciso, para a invocação exata e adequada da doutrina, repetir a idéia preconcebida dos que estão imbuídos do fetichismo da intocabilidade da pessoa jurídica, que não pode ser equiparada tão insolitamente à pessoa humana no desfrute dos direitos incontestáveis da personalidade; mas também não devemos imaginar que a penetração do véu da personalidade jurídica e a desconsideração da pessoa jurídica se torne instrumento dócil nas mãos inábeis dos que, levados ao exagêro, acabassem por destruir o instituto da pessoa jurídica, construído através dos séculos pelo talento dos juristas dos povos civilizados, em cuja galeria sempre há se ser iluminada a imagem genial de Teixeira de Freitas, que, no século passado, precedendo a muitos, fixou em nosso direito a doutrina da personalidade jurídica.[184]

Desde a apresentação da teoria por Rubens Requião, ela vem sendo aplicada amplamente pelos tribunais e, por vezes, de maneira incorreta, sem a observância dos requisitos necessárias.

---

182 REQUIÃO, Rubens. "Abuso de direito e fraude através da personalidade jurídica". *Revista dos Tribunais*, vol. 410. São Paulo: RT, 1969. Republicado na Revista dos Tribunais, vol. 803, ano 91, setembro. São Paulo: RT, 2002, p. 756.

183 REQUIÃO, Rubens. "Abuso de direito e fraude através da personalidade jurídica". *Revista dos Tribunais*, vol. 410. São Paulo: RT, 1969. Republicado na Revista dos Tribunais, vol. 803, ano 91, setembro. São Paulo: RT, 2002, p. 756.

184 REQUIÃO, Rubens. "Abuso de direito e fraude através da personalidade jurídica". *Revista dos Tribunais*, vol. 410. São Paulo: RT, 1969. Republicado na Revista dos Tribunais, vol. 803, ano 91, setembro. São Paulo: RT, 2002, p. 764.

A primeira lei a prever expressamente a teoria da desconsideração da personalidade jurídica foi o Código de Defesa do Consumidor – CDC (Lei n. 8.078/90),[185] que foi promulgada quase vinte anos depois da apresentação da doutrina por Rubens Requião. Após o CDC, o instituto da desconsideração da personalidade jurídica foi abordado pela Lei Antitruste (Lei n. 8.884/94), pela Lei do Meio Ambiente (Lei n. 9.605/98) e, finalmente, pelo Código Civil de 2002, que revogou o Código Civil de 1916.[186] Todas essas previsões legais serão examinadas com mais vagar adiante.

Cumpre, pois, examinar qual seria a maneira correta de aplicação da doutrina da desconsideração, os requisitos para sua aplicação, seus aspectos processuais, bem como os reflexos desse instituto em outras áreas do ireito. É o que se pretende fazer a seguir.

3.2.3. Desconsideração da personalidade jurídica em caso de fraude ou de abuso de direito

Desde a apresentação da teoria da desconsideração da personalidade jurídica por Rubens Requião, entende-se que o instituto da desconsideração da personalidade jurídica tem como objetivo primordial evitar a fraude e o abuso de direito sem que, com isso, comprometa a validade do princípio da autonomia patrimonial da sociedade empresária. Conforme Fábio Ulhoa Coelho: "a teoria tem o intuito de preservar a pessoa jurídica e sua autonomia, enquanto instrumentos jurídicos indispensáveis à organização da atividade econômica, sem deixar ao desabrigo terceiros vítimas de fraude".[187]

---

185 CALÇAS, Manoel de Queiroz Pereira. *Sociedade Limitada no Novo Código Civil.* São Paulo: Atlas, 2003, p. 160.

186 CALÇAS: Manoel de Queiroz Pereira. *Sociedade Limitada no Novo Código Civil.* São Paulo, Atlas, 2003, p. 160.

187 COELHO, Fábio Ulhoa. *Curso de Direito Comercial*: Direito de Empresa. 16ª Ed. São Paulo: Saraiva, 2012, p. 59.

O princípio da autonomia patrimonial tem sido, em muitos casos, utilizado como forma de praticar fraudes contra credores ou abuso de direito, mantendo-se oculto o ato ilícito perpetrado pelo sócio diante da licitude da conduta da sociedade empresária.[188] No entanto, entende-se que não é o caso de abolir o princípio da autonomia patrimonial, mas de evitar seu uso de maneira indevida.[189]

Nas palavras de Fábio Ulhoa Coelho, a teoria da desconsideração da personalidade jurídica não é contra a autonomia patrimonial da sociedade empresária ou contra a separação entre sócios e sociedade empresária. Antes, tem como objetivo proteger a autonomia patrimonial para que esta não seja depreciada.[190] Assim, segundo o referido autor,

> a teoria da desconsideração da personalidade jurídica não é uma teoria contrária à personalização das sociedades empresárias e à sua autonomia em relação aos sócios. Ao contrário, seu objetivo é preservar o instituto, coibindo práticas fraudulentas e abusivas que dele se utilizam.[191]

Até porque a desconsideração da personalidade jurídica não altera o contrato social, mas apenas o torna ineficaz em cada caso concreto em que se comprove o uso da autonomia patrimonial como escudo para o abuso de direito ou fraude comprovados contra terceiros.

Assim, tem-se que a desconsideração da personalidade jurídica, além de proteger o princípio da autonomia patrimonial, constitui uma exceção a esse princípio em razão da possibilidade de responsabilização dos sócios em casos excepcionais e desde que preenchidos determinados

---

188 COELHO, Fábio Ulhoa. *Curso de Direito Comercial*: Direito de Empresa. 16ª Ed. São Paulo: Saraiva, 2012, p. 55.

189 COELHO, Fábio Ulhoa. *Curso de Direito Comercial*: Direito de Empresa. 16ª Ed. São Paulo: Saraiva, 2012, p. 58.

190 COELHO, Fábio Ulhoa. *Curso de Direito Comercial*: Direito de Empresa. 16ª Ed. São Paulo: Saraiva, 2012, pp. 60/61.

191 COELHO, Fábio Ulhoa. *Curso de Direito Comercial*: Direito de Empresa. 16ª Ed. São Paulo: Saraiva, 2012, p. 61.

requisitos, ao lado da responsabilidade por irregularidades e, também, das hipóteses de responsabilidade ilimitada previstas em lei com relação a alguns credores não negociais: o Fisco e o INSS.

Como analisado, a desconsideração da personalidade jurídica surgiu de construções jurisprudenciais diante de casos concretos envolvendo abuso da personalidade jurídica e fraude contra credores e, apenas mais tarde, o instituto foi efetivamente sintetizado pela doutrina. Dessa forma, pode-se dizer que a desconsideração da personalidade jurídica independe de fundamentos legais para que seja aplicada.[192]

Apesar de a desconsideração da personalidade jurídica prescindir de fundamentos legais para sua aplicação, fato é que, após seu grande uso pelos tribunais, principalmente após a apresentação da teoria da desconsideração no Brasil por Rubens Requião, a teoria foi positivada no ordenamento jurídico brasileiro por diversas leis prevendo outros casos em que seria possível a desconsideração, além daqueles já apresentados por Requião: abuso de direito e ato fraudulento.

Daí a importância de se verificar, atualmente, em quais hipóteses se torna possível a desconsideração da personalidade jurídica e se a teoria ou o instituto da desconsideração da personalidade jurídica tem sido aplicado pelos tribunais de maneira correta ou incorreta.

A preocupação geral é a de que, se não aplicada corretamente a teoria da desconsideração da personalidade jurídica, sempre excepcional e exclusivamente no sentido de coibir a fraude de que se vale o sócio através da autonomia da pessoa jurídica, haverá prejuízos à própria atividade econômica em geral.

Com relação à doutrina da desconsideração da personalidade jurídica, é bastante relevante a contribuição de J. Lamartine Corrêa de Oliveira. O autor, além de extenso estudo do instituto no ireito omparado, faz distinção entre desconsideração da personalidade jurídica

---

192 TOMAZETTE, Marlon. *Curso de Direito Empresarial*: Teoria Geral e Direito Societário. vol. 1, 6ª Ed. São Paulo: Atlas, 2014, p. 245.

e mera imputação de ato. Segundo Oliveira, para que seja aplicada a desconsideração, é necessária a presença da responsabilidade subsidiária por dívida alheia. No caso da imputação, "quem criou a aparência ou se comportou contraditoriamente responde por ato próprio".[193] Assim explica o autor:

> Os problemas ditos de "desconsideração" envolvem frequentemente um problema de imputação. O que importa basicamente é a verificação da resposta adequada à seguinte pergunta: no caso em exame, foi realmente a pessoa jurídica que agiu, ou foi ela mero instrumento nas mãos de outras pessoas, físicas ou jurídicas? (...) Se é em verdade uma outra pessoa que está a agir, utilizando a pessoa jurídica como escudo, e se é essa utilização da pessoa jurídica, fora de sua função, que está tornando possível o resultado contrário à lei, ao contrato, ou às coordenadas axiológicas fundamentais da ordem jurídica (bons costumes, ordem pública), é necessário fazer com que a imputação se faça com predomínio da realidade sobre a aparência.[194]

Outro estudo importante sobre o tema da desconsideração é o feito por Calixto Salomão Filho. O autor afirma que a desconsideração não tem sido admitida na falência por serem conceitos antinômicos, já que a desconsideração é uma forma de permitir a continuação da atividade empresária.[195]

Com relação à casuística, trata Calixto Salomão Filho da desconsideração atributiva, que seria a "aplicação da teoria da desconsideração de modo a permitir a aplicação de certas normas em forma coerente

---

193 OLIVEIRA, J. Lamartine Corrêa de. *A dupla crise da pessoa jurídica*. São Paulo: Saraiva, 1979, p. 610.

194 OLIVEIRA, J. Lamartine Corrêa de. *A dupla crise da pessoa jurídica*. São Paulo: Saraiva, 1979, p. 613.

195 SALOMÃO FILHO, Calixto. *O novo Direito Societário*. 3ª Ed. São Paulo: Malheiros, 2006, pp. 215/216.

com o escopo do legislador"[196] e apresenta rol exemplificativo dos casos mais comuns de aplicação da desconsideração atributiva.[197]

O mencionado autor aponta três casos paradigmáticos de desconsideração para fins de responsabilidade, quais sejam (a) confusão de esferas; (b) subcapitalização; (c) abuso de poder, misturando elementos objetivos e subjetivos da desconsideração.

A confusão de esferas caracteriza-se com a falta de distinção de forma clara da pessoa do sócio ou quando formalidades societárias necessárias à separação não são observadas no que se refere à denominação social, ao patrimônio e à organização societária. Quanto à subcapitalização, o autor sustenta que a desconsideração só deve ser autorizada quando ela for qualificada, ou seja, quando o capital inicial for evidentemente insuficiente para cumprir os objetivos sociais. Por fim, o abuso de forma dar-se-ia quando a sociedade for utilizada de forma a causar dano a terceiro, apenas este podendo requerer a desconsideração (abuso de forma individual) ou quando ocorrer utilização de maneira indevida da limitação de responsabilidade, contrária à sua função e aos seus objetivos, possibilitando o requerimento de desconsideração por qualquer credor (abuso de forma institucional).[198]

Ainda conforme Calixto Salomão, a jurisprudência brasileira não classifica o tipo de atuação que justificaria a desconsideração para fins de responsabilidade (confusão de esferas, subcapitalização e abuso de poder), mas o faz de acordo com o fundamento legal citado para justificar a desconsideração.[199] Elogia a reforma do Código Civil porque "introduziu definição de desconsideração da personalidade jurídica que

---

196 SALOMÃO FILHO, Calixto. *O novo Direito Societário.* 3ª Ed. São Paulo: Malheiros, 2006, p. 219.

197 SALOMÃO FILHO, Calixto. *O novo Direito Societário.* 3ª Ed. São Paulo: Malheiros, 2006, pp. 219/220.

198 SALOMÃO FILHO, Calixto. *O novo Direito Societário.* 3ª Ed. São Paulo: Malheiros, 2006, pp. 221/222.

199 SALOMÃO FILHO, Calixto. *O novo Direito Societário.* 3ª Ed. São Paulo: Malheiros, 2006, p. 230.

contribui para colocar a questão da desconsideração em moldes teóricos mais corretos".[200]

A respeito da correta aplicação do instituto da desconsideração da personalidade jurídica, foram introduzidas duas teorias, a saber: teoria maior e teoria menor. Conforme Pereira Calças, essa nomenclatura foi utilizada de maneira inovadora por Fábio Ulhoa Coelho.[201]

A teoria maior, que envolve o desvirtuamento da pessoa jurídica, e não apenas o descumprimento de uma obrigação,[202] pode ser subdividida em subjetiva e objetiva.[203]

A teoria maior objetiva preceitua que o pressuposto fundamental da desconsideração da personalidade jurídica é a confusão patrimonial. O principal defensor dessa vertente da teoria maior é Fábio Konder Comparato.

O referido autor sustenta que:

> A confusão patrimonial entre controlador e sociedade controlada é, portanto, critério fundamental para a desconsideração da personalidade jurídica *externa corporis*. E compreende-se, facilmente, que assim seja, pois, em matéria empresarial, a pessoa jurídica nada mais é do que uma técnica de separação patrimonial. Se o controlador, que é o maior interessado na manutenção desse princípio, descumpre-o na prática, não se vê bem porque os juízes haveriam de respeitá-lo, transformando-o, destarte, numa regra puramente unilateral.[204]

---

200 SALOMÃO FILHO, Calixto. *O novo Direito Societário*. 3ª Ed. São Paulo: Malheiros, 2006, p. 233.

201 CALÇAS, Manoel de Queiroz Pereira. *Sociedade Limitada no Novo Código Civil*. São Paulo: Atlas, 2003, p. 159.

202 TOMAZETTE, Marlon. *Curso de Direito Empresarial*: Teoria Geral e Direito Societário. vol. 1, 6ª Ed. São Paulo: Atlas, 2014, p. 246.

203 TOMAZETTE, Marlon. *Curso de Direito Empresarial*: Teoria Geral e Direito Societário. vol. 1., 6ª Ed. São Paulo: Atlas, 2014, pp. 246/247.

204 COMPARATO, Fábio Konder; SALOMÃO FILHO, Calixto. *O poder de controle na sociedade anônima*. 4ª Ed. Rio de Janeiro: Forense, 2005, p. 450.

Contudo, a maior parte da doutrina é favorável à teoria maior subjetiva. Posicionam-se a favor dessa teoria Fábio Ulhoa Coelho,[205] Pereira Calças,[206] Marlon Tomazette,[207] Sérgio Campinho, que concorda com o posicionamento de Fábio Ulhoa Coelho,[208] entre outros.

De acordo com Marlon Tomazette, a teoria maior subjetiva seria aquela em que "o pressuposto fundamental da desconsideração é o desvio da função da pessoa jurídica, que se constata na fraude e no abuso de direito relativos à autonomia patrimonial.[209]

Fábio Ulhoa Coelho argumenta que, embora a teoria maior objetiva facilite a tutela dos credores e de terceiros lesados, nem sempre a fraude se traduz em confusão patrimonial.[210] Por essa razão, afirma que "a teoria da desconsideração elegeu como pressuposto para o afastamento da autonomia patrimonial da sociedade empresária o uso fraudulento ou abusivo do instituto".[211] O referido autor defende que "a formulação subjetiva da teoria da desconsideração (...) é a mais ajustada à teoria da desconsideração".[212] E considera que a teoria maior subjetiva é a aplicação correta do instituto da desconsideração da personalidade jurídica.

---

205 COELHO, Fábio Ulhoa. *Curso de Direito Comercial*: Direito de Empresa. 16ª Ed. São Paulo: Saraiva, 2012, p. 67.

206 CALÇAS, Manoel de Queiroz Pereira. *Sociedade Limitada no Novo Código Civil.* São Paulo: Atlas, 2003, p. 160.

207 TOMAZETTE, Marlon. *Curso de Direito Empresarial*: Teoria Geral e Direito Societário. vol. 1, 6ª Ed. São Paulo: Atlas, 2014, p. 249.

208 CAMPINHO, Sérgio. *O Direito de Empresa à luz do Código Civil.* 12ª Ed. Rio de Janeiro: Renovar, 2011, p. 76.

209 TOMAZETTE, Marlon. *Curso de Direito Empresarial*: Teoria Geral e Direito Societário. vol. 1, 6ª ed. São Paulo: Atlas, 2014, pp. 246/247.

210 COELHO, Fábio Ulhoa. *Curso de Direito Comercial*: Direito de Empresa. 16ª Ed. São Paulo: Saraiva, 2012, p. 67.

211 COELHO, Fábio Ulhoa. *Curso de Direito Comercial*: Direito de Empresa. 16ª Ed. São Paulo: Saraiva, 2012, p. 66.

212 COELHO, Fábio Ulhoa. *Curso de Direito Comercial*: Direito de Empresa. 16ª Ed. São Paulo: Saraiva, 2012, p. 67.

Pereira Calças, por sua vez, afirma que "os efeitos da desconsideração da personalidade jurídica só poderão incidir sobre os sócios e administradores que efetivamente praticarem abuso ou fraude na utilização da pessoa jurídica".[213]

Marlon Tomazette também é a favor da teoria maior subjetiva:

> ...a fim de desconsiderar o fenômeno da personificação, de modo que o patrimônio dos sócios ou administradores responda pelas obrigações contraídas em nome da sociedade, é necessário que se configure a fraude ou o abuso de direito relacionado à autonomia patrimonial, uma vez que consideramos correta a teoria maior subjetiva.[214]

Por outro lado, a teoria menor da desconsideração da personalidade jurídica corresponde à ideia de que a desconsideração não depende de requisitos, bastando o não pagamento de um crédito.

Para Fábio Ulhoa Coelho, a teoria menor seria, na verdade, a aplicação incorreta do instituto da desconsideração, vez que, por essa teoria, a desconsideração é realizada sem a verificação de eventual utilização fraudulenta ou de abuso de forma, bastando o desatendimento de crédito titularizado.[215]

Com bastante clareza, o referido autor destaca que

> essa aplicação incorreta reflete, na verdade, a crise do princípio da autonomia patrimonial, quando referente a sociedades empresárias. (...) A aplicação apressada da teoria não se preocupa em distinguir a utilização fraudulenta da regular do instituto,

---

213 CALÇAS, Manoel de Queiroz Pereira. *Sociedade Limitada no Novo Código Civil.* São Paulo: Atlas, 2003, p. 160.

214 TOMAZETTE, Marlon. *Curso de Direito Empresarial*: Teoria Geral e Direito Societário. vol. 1. 6ª ed. São Paulo: Atlas, 2014, p. 249.

215 COELHO, Fábio Ulhoa. *Curso de Direito Comercial*: Direito de Empresa. 16ª Ed. São Paulo: Saraiva, 2012, p. 69.

> nem indaga se houve ou não abuso da forma. Por outro lado, parece ser de todo irrelevante, nesse caso, a natureza negocial do direito creditício oponível à sociedade. A aplicação incorreta da teoria da desconsideração equivale, em outros termos, à simples eliminação do princípio da separação entre pessoa jurídica e seus integrantes.[216]

Tomazette concorda com esse entendimento e critica a aplicação da teoria menor:

> Embora não aplicada a todos os ramos do ireito, não vemos razoabilidade na aplicação dessa teoria menor. Tal teoria praticamente ignora a ideia de autonomia patrimonial das pessoas jurídicas e não se coaduna com a própria origem de aplicação da teoria da desconsideração. Ao contrário de proteger, a teoria menor acaba por minar a existência da autonomia patrimonial, em nada favorecendo aqueles que se dignam a exercer atividades econômicas.[217]

Assim, a aplicação correta se dá em razão do uso fraudulento da autonomia patrimonial, não gerando dissolução ou anulação da sociedade, mas apenas há suspensão episódica da eficácia do ato de constituição da sociedade. Torna-se possível, portanto, reprimir fraudes sem prejudicar interesses daqueles que dependem da continuidade da empresa, tais como os trabalhadores, os consumidores, entre outros.[218]

A desconsideração da personalidade jurídica tem como pressuposto a licitude dos atos praticados pela sociedade empresária, os quais, como um véu, encobrem as fraudes praticadas por seus sócios e esses atos se tornam ilícitos quando imputados aos sócios. Nesse contexto,

---

216 COELHO, Fábio Ulhoa. *Curso de Direito Comercial*: Direito de Empresa. 16ª Ed. São Paulo: Saraiva, 2012, p. 69.

217 TOMAZETTE, Marlon. *Curso de Direito Empresarial*: Teoria Geral e Direito Societário. vol. 1, 6ª Ed. São Paulo: Atlas, 2014, p. 248.

218 COELHO, Fábio Ulhoa. *Curso de Direito Empresarial*: Teoria Geral e Direito Societário. vol. 1, 6ª Ed. São Paulo: Atlas, 2014, p. 65.

Fábio Ulhoa Coelho defende que a "sociedade empresária deve ser desconsiderada exatamente se for obstáculo à imputação do ato a outra pessoa. Assim, se o ilícito, desde logo, pode ser identificado como ato de sócio ou administrador, não é caso de desconsideração".[219]

Apesar de Fábio Ulhoa Coelho ter introduzido as expressões "teoria maior", correspondente à aplicação correta do instituto, e "teoria menor", relativa a sua aplicação incorreta, em 1999, o referido autor entende que, hoje, essa distinção entre teoria menor e maior não mais possui razão de ser, tendo em vista a evolução do tema na jurisprudência, de modo que os conceitos de teoria menor e maior, hoje, estariam superados.[220]

Embora a doutrina considere superados tais conceitos, a referência à teoria menor ainda é frequente nos tribunais em casos envolvendo direitos dos consumidores devido à interpretação dada ao art. 28, § 5º do Código de Defesa do Consumidor,[221] conforme se examinará com mais vagar adiante.[222] Confira-se entendimento do Superior Tribunal de Justiça:

> DIREITO DO CONSUMIDOR E PROCESSUAL CIVIL. RECURSO ESPECIAL. EXECUÇÃO FRUSTRADA. PEDIDO DE DESCONSIDERAÇÃO DA PERSONALIDADE JURÍDICA. INDEFERIMENTO. FUNDAMENTAÇÃO APOIADA NA INEXISTÊNCIA DOS REQUISITOS PREVISTOS NO ART. 50 DO CÓDIGO CIVIL DE 2002 (TEORIA MAIOR). ALEGAÇÃO DE QUE SE TRATAVA DE

---

219 COELHO, Fábio Ulhoa. *Curso de Direito Empresarial*: Teoria Geral e Direito Societário. vol. 1, 6ª Ed. São Paulo: Atlas, 2014, p. 66.

220 COELHO, Fábio Ulhoa. *Curso de Direito Empresarial*: Teoria Geral e Direito Societário. vol. 1, 6ª Ed. São Paulo: Atlas, 2014, pp. 69/70.

221 Art. 28, §5º, Código de Defesa do Consumidor: "Também poderá ser desconsiderada a pessoa jurídica sempre que sua personalidade for, de alguma forma, obstáculo ao ressarcimento de prejuízos causados aos consumidores". BRASIL. Lei n. 8.078, de 11 de setembro de 1990. Dispõe sobre a proteção do consumidor e dá outras providências. Disponível em: http://www.planalto.gov.br/ccivil_03/leis/l8078compilado.htm. Acesso em: 21 abr. 2021.

222 item 3.3.2., *infra*.

> RELAÇÃO DE CONSUMO. INCIDÊNCIA DO ART. 28, § 5°, DO CDC (TEORIA MENOR). OMISSÃO. OFENSA AO ART. 535 DO CPC RECONHECIDA. 1. É possível, em linha de princípio, em se tratando de vínculo de índole consumerista, a utilização da chamada Teoria Menor da desconsideração da personalidade jurídica, a qual se contenta com o estado de insolvência do fornecedor, somado à má administração da empresa, ou, ainda, com o fato de a personalidade jurídica representar um "obstáculo ao ressarcimento de prejuízos causados aos consumidores" (art. 28 e seu § 5°, do Código de Defesa do Consumidor). 2. Omitindo-se o Tribunal a quo quanto à tese de incidência do art. 28, § 5°, do CDC (Teoria Menor), acolhe-se a alegação de ofensa ao art. 535 do CPC. 3. Recurso especial parcialmente conhecido e provido.[223] (grifo nosso)

> RECURSO ESPECIAL. PROCESSUAL CIVIL E CONSUMIDOR. AÇÃO COLETIVA DE CONSUMO. EFEITO DEVOLUTIVO DA APELAÇÃO. SENTENÇA. EXTINÇÃO DO PROCESSO SEM EXAME DE MÉRITO. ART. 515, § 3°, DO CPC/73. APELAÇÃO. CAUSA MADURA. REQUISITOS. PRESENÇA. REEXAME DE FATOS E PROVAS. DESCONSIDERAÇÃO DA PERSONALIDADE JURÍDICA. CONTRADITÓRIO DIFERIDO. CPC/73. INCIDÊNCIA DO CDC. FUNDAMENTO SUFICIENTE INATACADO. SÚMULA 283/STF. COOPERATIVA HABITACIONAL. SÚMULA 602/STJ. TEORIA MENOR. ART. 28, § 5°, DO CDC. OBSTÁCULO AO RESSARCIMENTO DOS PREJUÍZOS. SUFICIÊNCIA. 1. Cuida-se de ação coletiva de consumo, na qual foi decretada a desconsideração da personalidade jurídica da cooperativa recorrente para que o patrimônio de seus dirigentes também responda pelas reparações dos prejuízos sofridos pelos consumidores na demora na construção de empreendimentos imobiliários, nos quais a recorrente teria atuado como sociedade

---

223 BRASIL. STJ, Quarta Turma, AgRg no AREsp n. 275810/MG. Rel. Min. Luis Felipe Salomão. DJe. 04/02/2013. No mesmo sentido: BRASIL. STJ, Terceira Turma, AgRg no Ag n. 1342443/PR. Rel. Min. Massami Uyeda. DJe. 24/05/2012. BRASIL. STJ, Terceira Turma, REsp n. 279273/SP. Rel. Min. Nancy Andrighi. DJe. 29/03/2004.

empresária de incorporação imobiliária e, portanto, como fornecedora de produtos. 2. Recurso especial interposto em: 11/07/2012; conclusos ao gabinete em: 26/08/2016; Aplicação do CPC/73. 3. O propósito recursal é determinar se: a) houve negativa de prestação jurisdicional; b) os limites do efeito devolutivo da apelação foram respeitados; c) era possível o imediato julgamento do cerne da controvérsia, a despeito de a sentença ter extinto o processo sem resolução do mérito; d) o exercício do contraditório dos administradores deve ser prévio à decretação da desconsideração da personalidade jurídica; e) incide o CDC na hipótese dos autos; e f) estão presentes os requisitos necessários à desconsideração da personalidade jurídica da recorrente. 4. No acórdão recorrido não há omissão, contradição ou obscuridade. Dessa maneira, o art. 535 do CPC/73 não foi violado. 5. A apreciação do mérito da ação pelo Tribunal no julgamento da apelação, em caso de reforma de sentença de extinção do processo sem resolução do mérito, atende à amplitude do efeito devolutivo em profundidade de referido recurso, privilegia o princípio da celeridade processual e não ofende o direito de defesa da parte, se estiverem presentes as condições de ser a matéria exclusivamente de direito ou o processo estar maduro para julgamento, por suficiência ou pela desnecessidade de produção de provas. 6. A verificação da presença dos requisitos configuradores da causa madura - consistentes na circunstância de a instrução probatória estar completa ou ser desnecessária - demandaria o reexame dos fatos e provas dos autos, vedado pela Súmula 7/STJ. Precedentes. 7. A ausência de decisão acerca dos dispositivos legais indicados como violados, a despeito da interposição de embargos de declaração, impede o conhecimento do recurso especial, por incidência da Súmula 211/STJ. 8. Sob a égide do CPC/73, a desconsideração da personalidade jurídica pode ser decretada sem a prévia citação dos sócios atingidos, aos quais se garante o exercício postergado ou diferido do contraditório e da ampla defesa. Precedentes. 9. A existência de fundamento do acórdão recorrido não impugnado - quando suficiente para a manutenção de suas conclusões - impede a apreciação do recurso especial. 10. O Código de Defesa do Consumidor é aplicável aos empreendimentos habitacionais promovidos pelas sociedades cooperativas. Súmula 602/STJ 11. De acordo com a

> Teoria Menor, a incidência da desconsideração se justifica: a) pela comprovação da insolvência da pessoa jurídica para o pagamento de suas obrigações, somada à má administração da empresa (art. 28, caput, do CDC); ou b) pelo mero fato de a personalidade jurídica representar um obstáculo ao ressarcimento de prejuízos causados aos consumidores, nos termos do § 5º do art. 28 do CDC. 12. Na hipótese em exame, segundo afirmado pelo acórdão recorrido, a existência da personalidade jurídica está impedindo o ressarcimento dos danos causados aos consumidores, o que é suficiente para a desconsideração da personalidade jurídica da recorrente, por aplicação da teoria menor, prevista no art. 28, § 5º, do CDC. 13. Recurso especial parcialmente conhecido e, nesta parte, desprovido.[224]

Vale ressaltar, ainda, que é cabível a desconsideração inversa da personalidade jurídica da sociedade limitada.

De acordo com Pereira Calças, a aplicação inversa "permite desconsiderar a personalidade da sociedade para responsabilizá-la pelo pagamento da obrigação contraída em nome do sócio, especialmente quando este desfalca seu patrimônio particular, desviando seus bens para o patrimônio social".[225] Para Fábio Ulhoa Coelho, por sua vez, "desconsideração inversa é o afastamento do princípio da autonomia patrimonial da pessoa jurídica para responsabilizar a sociedade por obrigação do sócio".[226]

Tal aplicação tem sido bastante comum na jurisprudência do Superior Tribunal de Justiça[227] e do Tribunal de Justiça do Estado de

---

224 BRASIL. STJ, Terceira Turma, REsp n. 1.735.004/SP. Rel. Min. Nancy Andrighi. DJe 29/06/2018.

225 CALÇAS, Manoel de Queiroz Pereira *Sociedade Limitada no Novo Código Civil.* São Paulo: Atlas, 2003, p. 160.

226 COELHO, Fábio Ulhoa. *Curso de Direito Empresarial*: Teoria Geral e Direito Societário. vol. 1, 6ª Ed. São Paulo: Atlas, 2014, p. 68.

227 "PROCESSUAL CIVIL E CIVIL. RECURSO ESPECIAL. EXECUÇÃO DE TÍTULO JUDICIAL. ART. 50 DO CC/02. DESCONSIDERAÇÃO DA PERSONALIDADE JURÍDICA INVERSA. POSSIBILIDADE. [...] III. A

São Paulo quando evidenciada a confusão patrimonial com o objetivo de fraudar terceiros. Veja-se:

> Processo Civil. Penhora sobre faturamento de sociedade empresária da qual é sócio o executado. Desconsideração inversa da pessoa jurídica que se justifica para dar andamento à antiga execução em que não se encontra bens penhoráveis em nome do executado. Valor de R$ 1.069,90 mensal que não prejudicará o funcionamento da sociedade, que, por sua vez, poderá debitar ao executado no momento de suas retiradas. Recurso improvido.[228]

Examinadas as teorias maior – subjetiva e objetiva – e menor, faz-se necessário verificar qual a teoria adotada pelo ordenamento jurídico brasileiro e quais os requisitos ou pressupostos para a desconsideração da personalidade jurídica.

Considerando a teoria maior subjetiva ou formulação subjetiva da teoria da desconsideração, dominante no Brasil, seriam requisitos ou pressupostos para desconsideração: a) personificação; b) sociedade com limitação de responsabilidade; e c) prova de fraude ou abuso de direito.

Como o próprio nome sugere, para que haja desconsideração da personalidade jurídica, é necessário que a sociedade tenha, antes de

---

desconsideração inversa da personalidade jurídica caracteriza-se pelo afastamento da autonomia patrimonial da sociedade, para, contrariamente do que ocorre na desconsideração da personalidade propriamente dita, atingir o ente coletivo e seu patrimônio social, de modo a responsabilizar a pessoa jurídica por obrigações do sócio controlador. IV. Considerando-se que a finalidade da disregard doctrine é combater a utilização indevida do ente societário por seus sócios, o que pode ocorrer também nos casos em que o sócio controlador esvazia o seu patrimônio pessoal e o integraliza na pessoa jurídica, conclui-se, de uma interpretação teleológica do art. 50 do CC/02, ser possível a desconsideração inversa da personalidade jurídica, de modo a atingir bens da sociedade em razão de dívidas contraídas pelo sócio controlador, conquanto preenchidos os requisitos previstos na norma. [...]" (BRASIL. STJ, Quarta Turma, REsp n. 948117/MS. Rel. Min. Nancy Andrighi. DJe. 03/08/2010)

228 SÃO PAULO. TJSP, 4ª Câmara de Direito Privado, Agravo de Instrumento n. 0123947-77.2012.8.26.0000. Rel. Des. Maia da Cunha. DJe. 28/09/2012.

tudo, personalidade. Para Marcelo Navarro Ribeiro Dantas, personificação é "a existência de uma pessoa jurídica regular, reconhecida pelo ordenamento, devidamente registrada".[229] É o que determina o art. 45 do Código Civil de 2002:

> Começa a existência legal das pessoas jurídicas de direito privado com a inscrição do ato constitutivo no respectivo registro, precedida, quando necessário, de autorização ou aprovação do Poder Executivo, averbando-se no registro todas as alterações por que passar o ato constitutivo.

No entanto, não basta que a sociedade tenha personalidade jurídica e autonomia patrimonial. É preciso, também, que se trate de uma sociedade em que a responsabilidade dos sócios sofra limitação.

Nesse sentido afirma Marlon Tomazette: "a aplicação da desconsideração pressupõe uma sociedade na qual o exaurimento do patrimônio social não seja suficiente para levar responsabilidade aos sócios".[230]

Além disso, faz-se necessário provar a prática de fraude ou de abuso de direito pelo sócio ou pelos sócios para que haja a desconsideração.

Fraude, para fins da desconsideração da personalidade jurídica, tem o sentido de ocultação da verdade e "se funda na prática de ato lesivo a interesse de terceiros ou da coletividade, ou seja, em ato, onde se evidencia a intenção de frustrar-se a pessoa aos deveres obrigacionais ou legais".[231]

Não se pode confundir, contudo, a fraude que é pressuposto para a desconsideração da personalidade jurídica com a fraude contra

---

229 DANTAS, Marcelo Navarro Ribeiro. "O projeto do novo Código Comercial e a Desconsideração da Pessoa Jurídica". *In:* COELHO, Fábio Ulhoa; LIMA, Tiago Asfor Rocha; NUNES, Marcelo Guedes. (Coord.). *Reflexões sobre o projeto de Código Comercial.* São Paulo: Saraiva, 2013, p. 340.

230 TOMAZETTE, Marlon. *Curso de Direito Empresarial*: Teoria Geral e Direito Societário. vol. 1, 6ª Ed. São Paulo: Atlas, 2014, p. 249.

231 SILVA, Oscar José de Plácido e. *Vocabulário Jurídico.* 22ª Ed. Rio de Janeiro: Forense, 2003, p. 637.

credores e com a fraude à execução. Segundo Juvêncio Vasconcelos Viana e Arthur Maximus Monteiro, a fraude contra credores

> constitui expediente pelo qual o devedor dilapida seu próprio patrimônio a fim de salvaguardá-lo de futuras ações judiciais. Por meio de ação própria, denominada ação pauliana ou revocatória, é possível invalidar o ato praticado em prejuízo do credor, fazendo com que o bem alienado volte a integrar o patrimônio do devedor.[232]

Na fraude à execução, por seu turno, os atos dilapidatórios ocorrem durante ação de execução em curso.[233]

Assim, com relação à fraude, conforme Juvêncio Viana e Arthur Monteiro, para a desconsideração da personalidade jurídica, não é necessária a verificação do momento em que se deram os atos dilapidatórios – "basta que o juiz, penetrando na pessoa jurídica, descubra que existem atos que, embora aparentemente legais, servem unicamente em benefício do controlador da sociedade em prejuízo de seus credores".[234]

Por outro lado, o abuso de direito é o "exercício anormal ou irregular do direito, isto é, sem que assista a seu autor motivo legítimo ou interesse honesto justificadores do ato, que, assim, se verifica e se

---

232 VIANA, Juvêncio Vasconcelos; MONTEIRO, Arthur Maximus. "Desconsideração da Personalidade Jurídica no projeto do novo Código Comercial". *In:* COELHO, Fábio Ulhoa; LIMA, Tiago Asfor Rocha; NUNES, Marcelo Guedes (Coord.). *Reflexões sobre o projeto de Código Comercial.* São Paulo: Saraiva, 2013, p. 317.

233 VIANA, Juvêncio Vasconcelos; MONTEIRO, Arthur Maximus. "Desconsideração da Personalidade Jurídica no Projeto do Novo Código Comercial". *In:* COELHO, Fábio Ulhoa; LIMA, Tiago Asfor Rocha; NUNES, Marcelo Guedes (Coord.). *Reflexões sobre o Projeto de Código Comercial.* São Paulo: Saraiva, 2013, p. 318.

234 VIANA, Juvêncio Vasconcelos; MONTEIRO, Arthur Maximus. "Desconsideração da Personalidade Jurídica no Projeto do Novo Código Comercial". *In:* COELHO, Fábio Ulhoa; LIMA, Tiago Asfor Rocha; NUNES, Marcelo Guedes (Coord.). *Reflexões sobre o projeto de Código Comercial.* São Paulo: Saraiva, 2013, p. 318.

indicado como praticado cavilosamente".[235] No abuso de direito, o ato é lícito, mas, dentre as "opções para usar a personalidade jurídica, todas lícitas, a princípio, (...) os sócios ou administradores escolhem a pior, isto é, a que mais prejudica terceiros".[236]

Segundo Fábio Ulhoa Coelho, é "abusivo o exercício de direito quando dele decorrer prejuízo a terceiros, sem nenhum benefício ao seu titular".[237]

Conforme Tomazette, dois exemplos de abuso de direito são a subcapitalização, que se verifica quando "os sócios não mantêm, na sociedade, capital adequado à realização do objeto social",[238] e a dissolução irregular da sociedade, que se dá com o fim da atividade sem requerimento de baixa do registro da sociedade perante a junta comercial competente. Segundo o citado autor, "a dissolução irregular que autoriza a desconsideração não é a mera dissolução de fato".[239] Para que a dissolução irregular possa ensejar desconsideração da personalidade jurídica, faz-se necessário que tenha havido fraude ou abuso de direito.

Nesse sentido tem decidido o Superior Tribunal de Justiça:

> CIVIL E PROCESSUAL CIVIL. AGRAVO. RECURSO ESPECIAL. CUMPRIMENTO DE SENTENÇA. DESCONSIDERAÇÃO DA PERSONALIDADE JURÍDICA. ENCERRAMENTO IRREGULAR. INSUFICIÊNCIA. A mera demonstração de insolvência da pessoa jurídica ou de dissolução irregular da empresa sem a devida baixa na junta

---

235 SILVA, Oscar José de Plácido e. *Vocabulário Jurídico*. 22ª Ed. Rio de Janeiro: Forense, 2003, p. 11.

236 TOMAZETTE, Marlon. *Curso de Direito Empresarial*: Teoria Geral e Direito Societário. vol. 1, 6ª Ed. São Paulo: Atlas, 2014, p. 252.

237 COELHO, Fábio Ulhoa. *Desconsideração da Personalidade Jurídica*. São Paulo: Revista dos Tribunais, 1989, p. 57.

238 TOMAZETTE, Marlon. *Curso de Direito Empresarial*: Teoria Geral e Direito Societário. vol. 1, 6ª Ed. São Paulo: Atlas, 2014, p. 253.

239 TOMAZETTE, Marlon. *Curso de Direito Empresarial*: Teoria Geral e Direito Societário. vol. 1, 6ª Ed. São Paulo: Atlas, 2014, p. 254.

comercial, por si sós, não ensejam a desconsideração da personalidade jurídica. Agravo não provido.[240]

AGRAVO INTERNO NO AGRAVO EM RECURSO ESPECIAL. DECISÃO DA PRESIDÊNCIA. AGRAVO DE INSTRUMENTO. DIREITO CIVIL. DESCONSIDERAÇÃO DA PERSONALIDADE JURÍDICA. ASSOCIAÇÃO UTILIZADA PARA PRÁTICA DE ILÍCITOS. INDEVIDA PARCERIA COM ESCRITÓRIO DE ADVOCACIA COM REPASSE DE VALORES. CONDUTA SANCIONADA PELO TRIBUNAL DE ÉTICA E DISCIPLINA DA ORDEM DOS ADVOGADOS DO BRASIL. DESVIO DE FINALIDADE. PREMISSAS FÁTICAS CONTIDAS NO V. ACÓRDÃO. IMPOSSIBILIDADE DE ANÁLISE. REEXAME FÁTICO E PROBATÓRIO. SÚMULA 7/STJ. AGRAVO DESPROVIDO.

1. "A desconsideração da personalidade jurídica é medida de caráter excepcional que somente pode ser decretada após a análise, no caso concreto, da existência de vícios que configurem abuso de direito, caracterizado por desvio de finalidade ou confusão patrimonial, requisitos que não se presumem em casos de dissolução irregular ou de insolvência. Precedentes" (AgInt no REsp 1.812.292/RO, Rel.

Ministro Luis Felipe Salomão, Quarta Turma, julgado em 18/05/2020, DJe de 21/05/2020).

2. In casu, o eg. Tribunal de origem, com arrimo no acervo fático-probatório carreado aos autos, concluiu que "(...) também se verifica o desvio de finalidade, em razão do que consta dos autos que o Tribunal de Ética e Disciplina da Ordem dos Advogados do Brasil, Seccional do Distrito Federal, deixou explícito, no julgamento da representação, que 'restou nítida a existência de uma 'parceria' entre a Associação e seus advogados,

240 BRASIL. STJ, Quarta Turma, AgRg no REsp n. 1173067/RS. Rel. Min. Nancy Andrighi. DJe. 19.06.2012. No mesmo sentido: BRASIL. STJ, Terceira Turma, AgRg no AREsp n. 133405/RS. Rel. Min. Ricardo Villas Bôas Cueva. DJe. 26/08/2013.

> ora Representados, que recebem parte dos valores recebidos pela (id. 5608676, pág. 7), o que motivou a aplicação de sanções disciplinares com fundamento no ASMUT' art. 34, II e XXI, da Lei 8.906/94". A pretensão de alterar tal entendimento, considerando as circunstâncias do caso concreto, demandaria revolvimento de matéria fático-probatória, o que é inviável em sede de recurso especial, conforme preconiza a Súmula 7/STJ.
>
> 3. Agravo interno desprovido.[241]

Com a entrada em vigor do Código Civil de 2002, passaram a ser requisitos ou pressupostos para a desconsideração, nos termos do art. 50, o abuso da personalidade jurídica, o desvio de finalidade e a confusão patrimonial. Veja-se:

> Em caso de abuso de personalidade jurídica, caracterizado pelo desvio de finalidade, ou pela confusão patrimonial, pode o juiz decidir, a requerimento da parte, ou do Ministério Público quando lhe couber intervir no processo, que os efeitos de certas e determinadas relações de obrigações sejam estendidos aos bens particulares dos administradores ou sócios da pessoa jurídica.

Raphael de Barros Monteiro Filho, Ralpho Waldo de Barros Monteiro, Ronaldo de Barros Monteiro e Ruy Carlos de Barros Monteiro afirmam que o uso abusivo da personalidade jurídica é "caracterizado pelo desvio de finalidade ou pela confusão patrimonial".[242] De acordo com os referidos autores, a confusão patrimonial, a rigor, enquadra-se na categoria "desvio de finalidade", que seria modalidade de abuso de direito, pois "nela se apresentam os elementos que lhes são básicos, quais sejam, a presença de uma situação de aparente regularidade, decorrente

---

241 BRASIL. STJ, Quarta Turma, AgInt no AREsp n. 1551480/DF. Rel. Min. Raul Araújo. DJe 26/08/2020.

242 MONTEIRO FILHO, Raphael de Barros *et al. In*: TEIXEIRA, Sálvio de Figueiredo (Coord.). *Comentários ao novo Código Civil* das pessoas (arts. 1º a 78). vol. 1, 2ª Ed. Rio de Janeiro: Forense, 2012, p. 785.

de sua conformação a uma estrutura jurídica formal, e a existência de uma realidade subjacente e escondida".[243]

Alguns doutrinadores defendem que, com a adoção da confusão patrimonial como um pressuposto objetivo autônomo, e não como espécie de fraude, o Código adotou a teoria maior objetiva apresentada por Comparato.[244]

É nesse sentido, também, a opinião de Walfrido Warde Jorge Júnior:

> No Brasil, mais recentemente, o legislador (...) ao invés de apegar-se à disciplina da responsabilidade contida em nosso ireito ocietário, pretendeu modificar a *disregard doctrine*, como absorvida por nossos tribunais – para transformá-la em versão aproximada da já obsoleta, teoria objetiva do abuso.[245]

No entanto, há quem entenda que o Código abarcou as duas formulações da teoria maior. Nessa linha o posicionamento da ministra Nancy Andrighi: "a regra geral adotada no ordenamento jurídico brasileiro é aquela prevista no art. 50 do CC/02, que consagra a Teoria Maior da Desconsideração, tanto na sua vertente subjetiva quanto na objetiva".[246]

Ana Frazão entende que o Código Civil, ao considerar que a desconsideração é forma de solucionar o abuso no uso da personalidade

---

243 MONTEIRO FILHO, Raphael de Barros *et al. In*: TEIXEIRA, Sálvio de Figueiredo (Coord.). *Comentários ao novo Código Civil* das pessoas (arts. 1º a 78). vol. 1, 2ª ed. Rio de Janeiro: Forense, 2012, p. 786.

244 DANTAS, Marcelo Navarro Ribeiro. "O projeto do novo Código Comercial e a Desconsideração da Pessoa Jurídica". *In:* COELHO, Fábio Ulhoa; LIMA, Tiago Asfor Rocha; NUNES, Marcelo Guedes. (Coord.). *Reflexões sobre o projeto de Código Comercial*. São Paulo: Saraiva, 2013, p. 346.

245 WARDE JÚNIOR, Walfrido Jorge. *Responsabilidade dos sócios*: a crise da limitação e a teoria da desconsideração da personalidade jurídica. Belo Horizonte: Del Rey, 2007, p. 286.

246 BRASIL. STJ, Quarta Turma, REsp n. 970635/SP. Rel. Min. Nancy Andrighi. DJe. 01/12/2009.

jurídica, adotou a teoria maior como regra geral.[247] Concorda-se com o posicionamento de Ana Frazão para quem a desconsideração está lastreada na ideia de desvio de finalidade: a confusão patrimonial seria uma forma de desvio de finalidade de manutenção da separação patrimonial e o abuso de direito tem o desvio de finalidade como um de seus elementos.[248]

Ainda segundo a autora,

> pouco importa que nenhum dos dispositivos [arts. 50 e 187, CC] tenha feito expressa menção à fraude ou ao dolo, tendo em vista que a definição geral de abuso de direito abarca, com maior razão, as modalidades intencionais, raciocínio que se aplica integralmente às hipóteses de desconsideração da personalidade jurídica.[249]

Além do fundamento legal previsto no Código Civil, o instituto da desconsideração da personalidade jurídica repercutiu em diversas áreas do ireito, havendo, em alguns deles, regras próprias para a responsabilização dos sócios, como se verá mais adiante.[250]

Contudo, vale lembrar que, em qualquer caso, seja com relação a credores negociais ou não negociais, para que seja desconsiderada a personalidade jurídica de uma sociedade empresária, é mister que seus sócios ou administradores não possam ser responsabilizados de maneira direta.

Nas palavras de Marcelo Dantas, se a lei permite que os sócios ou administradores sejam responsabilizados,

---

247 FRAZÃO, Ana. "Desconsideração da personalidade jurídica e tutela de credores". *In:* COELHO, Fábio Ulhoa; RIBEIRO, Maria de Fátima (Coord.). *Questões de Direito Societário em Portugal e no Brasil.* Coimbra: Almedina, 2012, pp. 490/491.

248 FRAZÃO, Ana. "Desconsideração da personalidade jurídica e tutela de credores". *In:* COELHO, Fábio Ulhoa; RIBEIRO, Maria de Fátima (Coord.). *Questões de Direito Societário em Portugal e no Brasil.* Coimbra: Almedina, 2012, p. 489.

249 FRAZÃO, Ana. "Desconsideração da personalidade jurídica e tutela de credores". *In:* COELHO, Fábio Ulhoa; RIBEIRO, Maria de Fátima (Coord.). *Questões de Direito Societário em Portugal e no Brasil.* Coimbra: Almedina, 2012, p. 489.

250 item 3.3., *infra.*

> não se trata de desconsideração, mas sim de responsabilização direta, em virtude de ação ultra vires, isto é, além das forças do que lhes permitem os estatutos, ou por violação a estes, à lei etc. É o caso das normas tributárias ou societárias já referidas (CTN, Lei das S/A e outras), que muitos confundem com hipóteses de desconsideração, mas que não o são, até porque sua existência não faz necessária a suspensão da autonomia patrimonial da entidade, uma vez que, mesmo com esta, os responsáveis podem ser diretamente imputados por fato ou ilícito próprio.[251]

Examinados os requisitos para desconsideração da personalidade jurídica, cumpre verificar de que forma pode ser efetivada a desconsideração da personalidade jurídica para, em seguida, analisar as outras formas de responsabilidade dos sócios da sociedade limitada nas diversas áreas do ireito.

3.2.3.1. Aspectos processuais e evolução da desconsideração da personalidade jurídica

Há duas correntes a respeito da forma como pode se dar a desconsideração da personalidade jurídica na prática (processual).

A desconsideração da personalidade jurídica, disciplinada entre os artigos 133 e 137 do CPC de 2015, de acordo com Maria Helena Diniz,[252] considera a teoria dualista do vínculo obrigacional que possui dois momentos diferentes e, consequentemente, dois momentos distintos em que se cabe a desconsideração no processo.

Esses momentos da obrigação mencionados são *Schuld* e *Haftung*. O *Schuld* é o débito (*debitum*) da obrigação, momento da constituição e

---

251 DANTAS, Marcelo Navarro Ribeiro. "O projeto do novo Código Comercial e a Desconsideração da Pessoa Jurídica". *In:* COELHO, Fábio Ulhoa; LIMA, Tiago Asfor Rocha; NUNES, Marcelo Guedes. (Coord.). *Reflexões sobre o projeto de Código Comercial*. São Paulo: Saraiva, 2013, p. 343.

252 DINIZ, Maria Helena. *Curso de Direito Civil Brasileiro*. vol 2, 22ª Ed. São Paulo: Saraiva, 2007, p. 36.

anterior ao vencimento da obrigação. O *Haftung* é a obrigação (*obligatio*), a responsabilidade de adimplir com a obrigação contraída.

Dessa forma, o incidente de desconsideração pode ser requerido na perspectiva do débito da obrigação (*Shuld*) ou na perspectiva da responsabilidade (*Haftung*). Ou seja, o ato fraudulento que enseja a desconsideração da personalidade jurídica, pode ocorrer pela irregularidade cometida no débito ou na responsabilidade pela obrigação.

Na perspectiva do débito, a situação de abuso de direito pelo sócio se dá no momento de contrair a obrigação e a sua responsabilidade deve ser requerida para a formação de um título que permita sua inserção no polo passivo da ação. A desconsideração da personalidade jurídica, aqui, deve ser instaurada já no processo de conhecimento.

De acordo com a primeira corrente, é necessário o ajuizamento de ação autônoma de conhecimento para que, demonstrados o abuso, o desvio de finalidade ou a confusão patrimonial, seja formado novo título executivo judicial, autorizando o levantamento do véu da pessoa jurídica e ensejando a inclusão dos sócios no polo passivo da ação.[253]

Nessa linha é a posição de Fábio Ulhoa Coelho. O autor afirma que "o juiz não pode desconsiderar a separação entre a pessoa jurídica e seus integrantes senão por meio de ação judicial própria, de caráter cognitivo, movida pelo credor da sociedade contra os sócios ou seus controladores".[254]

O sujeito passivo, nesse caso, não é a sociedade empresária, mas sim seus sócios ou controladores diretamente. O ajuizamento da ação autônoma em face da sociedade empresária, conforme entendimento de Fábio Ulhoa Coelho, seria uma impropriedade: "... se o autor não pretende a sua responsabilização, mas a de seus sócios ou administradores,

---

253 BRUSCHI, Gilberto Gomes. *Aspectos processuais da desconsideração da personalidade jurídica*. 2ª Ed. São Paulo: Saraiva, 2009, p. 83.

254 COELHO, Fábio Ulhoa. *Curso de Direito Empresarial*: Teoria Geral e Direito Societário. vol. 1, 6ª Ed. São Paulo: Atlas, 2014, p. 78.

então ela é parte ilegítima, devendo o processo ser extinto, sem julgamento do mérito, em relação à sua pessoa, caso indicada como ré".[255]

Na mesma linha é o posicionamento de Ada Pellegrini Grinover, que esclarece ser o objetivo da ação autônoma a formação de título executivo judicial contra os sócios para que a invasão patrimonial seja realizada posteriormente, pois não é possível penhorar bens de outrem sem o devido processo condenatório, assegurado o contraditório.[256]

Confira-se:

> A via própria assim exigida, portanto, não é necessariamente um processo que tenha por objeto a desconsideração da personalidade jurídica. Trata-se de *ação própria* no sentido de que aquele cujo patrimônio poderá ser atingido, via desconsideração, deve figurar no processo de conhecimento condenatório para que, também em relação a ele, se forme o título executivo. Em outras palavras e como já dito, não é possível penhorar bens de uma pessoa – como resultado da desconsideração da personalidade jurídica de outrem – sem que, em regular processo de conhecimento condenatório, de cognição plena e profunda, cercada por todas as garantias do contraditório, sejam examinados os pressupostos autorizadores da desconsideração e se imponha a sanção àqueles cujo patrimônio deverá ser impactado na sucessiva execução.[257]

---

255 COELHO, Fábio Ulhoa. *Curso de Direito Empresarial*: Teoria Geral e Direito Societário. vol. 1, 6ª Ed. São Paulo: Atlas, 2014, p. 78.

256 GRINOVER, Ada Pellegrini. "Da desconsideração da pessoa jurídica: aspectos de Direito Material e Processual". *Revista Jurídica do Ministério Público*. vol. 6, 2006, p. 66. Disponível em: https://aplicacao.mpmg.mp.br/xmlui/bitstream/handle/123456789/257/da%20desconsideraçao%20pessoa%20juridica_Grinover.pdf?sequence=1. Acesso em 21 fev. 2014.

257 GRINOVER, Ada Pellegrini. "Da desconsideração da pessoa jurídica: aspectos de Direito Material e processual". *Revista Jurídica do Ministério Público*. Vol. 6, 2006, p. 66. Disponível em: https://aplicacao.mpmg.mp.br/xmlui/bitstream/handle/123456789/257/da%20desconsideraçao%20pessoa%20juridica_Grinover.pdf?sequence=1. Acesso em 21 fev. 2014.

Há, contudo, a segunda corrente a respeito da forma pela qual pode se dar a desconsideração da personalidade jurídica. Nos termos da segunda corrente, adotada por Gilberto Bruschi, o processo deve ser célere e, por isso, pode ser desconsiderada a personalidade jurídica por meio de decisão interlocutória, sem que, com isso, haja violação do direito ao contraditório, o qual será permitido após o pronunciamento judicial.[258]

Veja-se o entendimento do citado autor:

> Sabendo que foram levados a efeito certos atos contrários aos ditames legais pela sociedade executada, basta que comprove tais fatos, requerendo ao juiz que proceda à desconsideração da personalidade jurídica da empresa executada, visando apenas e tão somente à ineficácia dos atos exercitados irregularmente, ensejando o acesso aos bens daquele que os praticou para que se satisfaça a execução.[259]

Na mesma linha é a posição de Eduardo Arruda Alvim e Daniel William Granado:

> Tendo em vista que a *disregard doctrine* tem por finalidade a desconsideração da personalidade jurídica apenas quanto a efeitos determinados dentro de um caso concreto, não acarretando, conforme já abordado, na extinção do instituto da pessoa jurídica, sua aplicação não exige o ajuizamento de ação autônoma. Dessa forma, a existência dos requisitos que autorizam a desconsideração da personalidade jurídica pode ser aferida como incidente, em processo já em curso.[260] (grifo do autor)

---

258 BRUSCHI, Gilberto Gomes. *Aspectos processuais da desconsideração da personalidade jurídica.* 2ª Ed. São Paulo: Saraiva, 2009, pp. 87/88.

259 BRUSCHI, Gilberto Gomes. *Aspectos processuais da desconsideração da personalidade jurídica.* 2ª Ed. São Paulo: Saraiva, 2009, p. 87.

260 ALVIM, Eduardo Arruda; GRANADO, Daniel Willian. "Aspectos processuais da desconsideração da personalidade jurídica". *In:* BRUSCHI, Gilberto Gomes

No mesmo sentido posiciona-se Humberto Theodoro Júnior:

> Está assente na jurisprudência atual que o reconhecimento da possibilidade de se declarar a desconsideração da personalidade jurídica independe de manejo de uma ação especial para tal fim. A questão pode ser solucionada em simples incidente do processo de conhecimento ou do próprio processo de execução.[261]

A desconsideração da personalidade jurídica nessa corrente enseja que o ato fraudulento se dê na perspectiva da responsabilidade, *Haftung*.

Nessa perspectiva, o ato fraudulento que justifica a responsabilidade se dá em face ao cumprimento da obrigação. Enquanto no débito se dá um ato fraudulento na contração da obrigação, na responsabilidade, o ato fraudulento ocorre no momento do adimplemento da obrigação.

A desconsideração da personalidade jurídica, nessa situação, deve ser objeto de pedido na fase da execução, quando se configura, por exemplo, alguma ilegalidade na gestão patrimonial, ou esvaziamento patrimonial, ou confusão de patrimônio, dentre outras várias hipóteses fraudulentas que acabam por impedir cumprimento da obrigação pelo devedor

A jurisprudência majoritária optou pela segunda corrente, entendendo ser desnecessário o ajuizamento de ação autônoma para a desconsideração da personalidade jurídica.

> DIREITO CIVIL E DO CONSUMIDOR. DESCONSIDERAÇÃO DA PERSONALIDADE JURÍDICA. PRESSUPOSTOS PROCESSUAIS E MATERIAIS. OBSERVÂNCIA. CITAÇÃO

---

et al (Coord.). *Direito Processual Empresarial: estudos em homenagem ao professor Manoel de Queiroz Pereira Calças*. Rio de Janeiro: Elsevier, 2012, p. 229.

261 THEODORO JÚNIOR, Humberto. "A desconsideração da personalidade jurídica no Direito Processual Civil Brasileiro". *In:* YARSHELL, Flávio Luiz; PEREIRA, Guilherme Setoguti J. (Coord.). *Processo Societário*. São Paulo: Quartier Latin, 2012, p. 317.

DOS SÓCIOS EM PREJUÍZO DE QUEM FOI DECRETADA A DESCONSIDERAÇÃO. DESNECESSIDADE. AMPLA DEFESA E CONTRADITÓRIO GARANTIDOS COM A INTIMAÇÃO DA CONSTRIÇÃO. IMPUGNAÇÃO AO CUMPRIMENTO DE SENTENÇA. VIA ADEQUADA PARA A DISCUSSÃO ACERCA DO CABIMENTO DA DISREGARD. RELAÇÃO DE CONSUMO. ESPAÇO PRÓPRIO PARA A INCIDÊNCIA DA TEORIA MENOR DA DESCONSIDERAÇÃO. ART. 28, § 5º, CDC. PRECEDENTES. 1. A desconsideração da personalidade jurídica é instrumento afeito a situações limítrofes, nas quais a má-fé, o abuso da personalidade jurídica ou confusão patrimonial estão revelados, circunstâncias que reclamam, a toda evidência, providência expedita por parte do Judiciário. Com efeito, exigir o amplo e prévio contraditório em ação de conhecimento própria para tal mister, no mais das vezes, redundaria em esvaziamento do instituto nobre.[262]

RECURSO ESPECIAL. PROCESSUAL CIVIL E CONSUMIDOR. AÇÃO COLETIVA DE CONSUMO. EFEITO DEVOLUTIVO DA APELAÇÃO. SENTENÇA. EXTINÇÃO DO PROCESSO SEM EXAME DE MÉRITO. ART. 515, § 3º, DO CPC/73. APELAÇÃO. CAUSA MADURA. REQUISITOS. PRESENÇA. REEXAME DE FATOS E PROVAS. DESCONSIDERAÇÃO DA PERSONALIDADE JURÍDICA. CONTRADITÓRIO DIFERIDO. CPC/73. INCIDÊNCIA DO CDC. FUNDAMENTO SUFICIENTE INATACADO. SÚMULA 283/STF. COOPERATIVA HABITACIONAL. SÚMULA 602/STJ. TEORIA MENOR. ART. 28, § 5º, DO CDC. OBSTÁCULO AO RESSARCIMENTO DOS PREJUÍZOS SUFICIÊNCIA.

1. Cuida-se de ação coletiva de consumo, na qual foi decretada a desconsideração da personalidade jurídica da cooperativa recorrente

262 BRASIL. STJ, Quarta Turma, REsp n. 1096604/DF. Rel. Min. Luis Felipe Salomão. DJe. 16/10/2012. No mesmo sentido: BRASIL. STJ, Segunda Seção, AgRg nos EREsp n. 418385/SP. Rel. Min. Ricardo Villas Bôas Cueva. DJe. 16/03/2012.

> para que o patrimônio de seus dirigentes também responda pelas reparações dos prejuízos sofridos pelos consumidores na demora na construção de empreendimentos imobiliários, nos quais a recorrente teria atuado como sociedade empresária de incorporação imobiliária e, portanto, como fornecedora de produtos.
>
> 8. Sob a égide do CPC/73, a desconsideração da personalidade jurídica pode ser decretada sem a prévia citação dos sócios atingidos, aos quais se garante o exercício postergado ou diferido do contraditório e da ampla defesa. Precedentes.
>
> 9. A existência de fundamento do acórdão recorrido não impugnado - quando suficiente para a manutenção de suas conclusões - impede a apreciação do recurso especial.
>
> 10. O Código de Defesa do Consumidor é aplicável aos empreendimentos habitacionais promovidos pelas sociedades cooperativas. Súmula 602/STJ 11. De acordo com a Teoria Menor, a incidência da desconsideração se justifica: a) pela comprovação da insolvência da pessoa jurídica para o pagamento de suas obrigações, somada à má administração da empresa (art. 28, caput, do CDC); ou b) pelo mero fato de a personalidade jurídica representar um obstáculo ao ressarcimento de prejuízos causados aos consumidores, nos termos do § 5º do art. 28 do CDC.
>
> 12. Na hipótese em exame, segundo afirmado pelo acórdão recorrido, a existência da personalidade jurídica está impedindo o ressarcimento dos danos causados aos consumidores, o que é suficiente para a desconsideração da personalidade jurídica da recorrente, por aplicação da teoria menor, prevista no art. 28, § 5º, do CDC.
>
> 13. Recurso especial parcialmente conhecido e, nesta parte, desprovido.[263]

Embora a jurisprudência tenha decidido que não é necessária a propositura de ação autônoma, é imprescindível, sempre, a observância

---

263 BRASIL. STJ, Terceira Turma, REsp n. 1735004/SP. Rel. Min. Nancy Andrighi. DJe. 29/06/2018.

do direito ao contraditório. Nessa linha, exemplificativamente, do Tribunal de Justiça de São Paulo:

> Falência. Extensão. Desconsideração da personalidade jurídica da falida para que os efeitos do decreto falencial alcancem os bens pessoais dos sócios. A aplicação da teoria da desconsideração da personalidade jurídica dispensa a propositura de ação autônoma para tal. Verificados os pressupostos de sua incidência, poderá o Juiz, incidentemente no próprio processo de execução (singular ou coletiva), levantar o véu da personalidade jurídica para que o ato de expropriação atinja os bens particulares de seus sócios, de forma a impedir a concretização de fraude à lei ou contra terceiros. Não obstante, há evidente necessidade de observância das garantias constitucionais do devido processo legal. No caso, o decreto extremo foi deferido sem prévia intimação dos sócios atingidos para defesa. Precedente desta Câmara Reservada. A doutrina moderna vem se posicionando neste sentido, ou seja, de que, não obstante seja desnecessária a ação autônoma, causa nulidade do ato a inobservância do devido processo legal. Provimento do recurso para condicionar nova desconsideração à prévia intimação para defesa. Agravo de instrumento provido. [264]

Humberto Theodoro Júnior ensina que: "não se admite, entretanto, que a solução do incidente se dê de surpresa para a parte, nem que sejam descurados os requisitos do devido processo legal, quais sejam o contraditório e a ampla defesa".[265]

Outro aspecto processualmente relevante é o ônus probatório. Eduardo Arruda Alvim e Daniel Willian Granado afirmam que o magistrado não está autorizado a desconsiderar a personalidade jurídica

---

264 SÃO PAULO. TJSP, Câmara Reservada à Falência e Recuperação, AI n. 0161680-14.2011.8.26.0000. Rel. Des. Romeu Ricupero. DJe. 26/01/2012.

265 THEODORO JÚNIOR, Humberto. "A desconsideração da personalidade jurídica no Direito Processual Civil Brasileiro". *In:* YARSHELL, Flávio Luiz; PEREIRA, Guilherme Setoguti J. (Coord.). *Processo Societário*. São Paulo: Quartier Latin, 2012, p. 317.

sem prévia análise cognitiva, devendo ser comprovado o uso abusivo ou fraudulento da sociedade empresária.[266] E o ônus da prova pertence àquele que puder tirar proveito da desconsideração da personalidade jurídica, isto é, ao credor.

Saliente-se, ainda do prisma processual, que o recurso cabível contra decisão que desconsidera a personalidade jurídica de sociedade empresária é o agravo de instrumento por se tratar de decisão interlocutória.[267] Contudo, se a decisão fizer parte de "pedido inicial de uma ação de conhecimento, (...) constituirá capítulo do dispositivo da sentença de mérito".[268]

Ademais, apenas depois de julgamento inserindo os sócios como coobrigados da dívida exequenda é que haverá condição de procedibilidade para atingir o patrimônio dos sócios em execução, com a ressalva de que a mera ausência de embargos opostos tempestivamente pelos sócios ou administradores não é suficiente para suprir a ausência de decisão judicial acerca da desconsideração.[269]

O Código de Processo Civil em vigor desde 2016 tornou obrigatório o Incidente de Desconsideração da Personalidade Jurídica,

---

266 ALVIM, Eduardo Arruda; GRANADO, Daniel Willian. "Aspectos processuais da desconsideração da personalidade jurídica". *In:* BRUSCHI, Gilberto Gomes *et al* (Coord.). *Direito Processual Empresarial: estudos em homenagem ao professor Manoel de Queiroz Pereira Calça.* Rio de Janeiro: Elsevier, 2012, pp. 227/228.

267 ALVIM, Eduardo Arruda; GRANADO, Daniel Willian. "Aspectos processuais da desconsideração da personalidade jurídica". *In:* BRUSCHI, Gilberto Gomes *et al.* (Coord.). *Direito Processual Empresarial: estudos em homenagem ao professor Manoel de Queiroz Pereira Calça.* Rio de Janeiro: Elsevier, 2012, pp. 234-236.

268 THEODORO JÚNIOR, Humberto. "A desconsideração da personalidade jurídica no Direito Processual Civil Brasileiro". *In:* YARSHELL, Flávio Luiz; PEREIRA, Guilherme Setoguti J. (Coord.). *Processo Societário.* São Paulo: Quartier Latin, 2012, p. 318.

269 THEODORO JÚNIOR, Humberto. "A desconsideração da personalidade jurídica no Direito Processual Civil Brasileiro". *In:* YARSHELL, Flávio Luiz; PEREIRA, Guilherme Setoguti J. (Coord.). *Processo Societário.* São Paulo: Quartier Latin, 2012, pp. 330/331.

dedicando ao instituto o Capítulo IV do Livro III, sob o Título III, que trata da intervenção de terceiros no processo civil.

O incidente é regulado pelos artigos 133 a 137 e teve como intuito disciplinar formalmente a desconsideração da personalidade jurídica, prestigiando a autonomia patrimonial da pessoa jurídica e evitando o seu reconhecimento sem forma adequada, sem contraditório imprescindível e sem fundamentação apropriada.

De pronto, o art. 133 estabelece que a parte, ou Ministério Público quando participar, pode requerer a desconsideração da personalidade jurídica, direta ou inversa, circunstância que afasta a possibilidade de ser instaurado o incidente pelo Juízo. Isso preserva o contraditório prévio porque ao pedido de cada parte a outra deve obrigatoriamente ser ouvida.

Se se considerasse o assunto de ordem pública até poderia o juiz agir de ofício, mas não é possível afirmar que o julgador possui interesse no resultado da ação privilegiando esta ou aquela parte, o que aconteceria ao determinar a desconsideração da personalidade jurídica independentemente de pedido da parte a quem beneficiaria. Se esta não pede, em seu próprio benefício, por que o juiz haveria de determiná-la?

Ao determinar a citação de quem será atingido com o pedido de desconsideração, o CPC privilegiou a autonomia patrimonial da executada, dado que, para não a considerar, é preciso que primeiro se manifeste a respeito da incidência ou não dos motivos a tanto necessários, especialmente os do art. 50 do CC.

A citação prévia poderia permitir que os sócios da executada, ou terceiros destinatários, se desfizessem do patrimônio, frustrando, assim, a própria desconsideração da personalidade jurídica. Nada impede que o juiz, diante de fraude passível de ser aferida *prima facie*, antecipe uma tutela para primeiro ir aos bens dos sócios, diferindo a citação para depois da garantia do incidente. Isso dá efetividade ao incidente e não ocasiona prejuízo por ser revogável caso sejam convincentes as razões dos atingidos pela desconsideração.

O art. 134 permite a instauração do incidente a qualquer tempo, bem como dispensa a sua instauração se for objeto de pedido inicial, citando-se o sócio juntamente com a pessoa jurídica. A instauração do incidente suspende o andamento do processo e sua viabilidade depende, como já afirmado, da presença dos requisitos a tanto indispensáveis.

O art. 136 deixa clara a forma do ato judicial que reconhecerá ou não a desconsideração: decisão interlocutória. A pertinência da menção do CPC está no fato de afastar qualquer dúvida, bem como deixar claro que o recurso cabível é o agravo de instrumento, que, por si só, não tem efeito suspensivo. O tribunal, ao apreciar o agravo, poderá concedê-lo para suspender o processo principal até a decisão definitiva sobre a desconsideração pretendida.

3.3. Outras hipóteses de responsabilização dos sócios da sociedade limitada

Como já mencionado, nas sociedades limitadas, a regra é a responsabilidade subsidiária dos sócios da sociedade limitada ao valor de suas quotas ou solidária em caso de não integralização do capital social. Porém, a regra não é absoluta. Além das exceções já tratadas, há casos em que a própria lei prevê a responsabilidade pessoal dos sócios de qualquer tipo de sociedade, inclusive das sociedades limitadas.

Nesse sentido é a posição de Simone Lahorgue Nunes e Pedro Henrique Torres Bianqui:

> No Brasil, advertem alguns autores que a doutrina trata e a jurisprudência invoca constantemente a "teoria da desconsideração da personalidade jurídica" de regra como algo único, sendo que, na prática, há sob esse rótulo uma série de situações distintas que podem ser agrupadas em duas espécies: (i) práticas fraudulentas ou de abuso de direito e (ii) casos de imputação

> legal de responsabilidade ao sócio ou administrador, a despeito da existência da personalidade jurídica.[270]

Em princípio, por se tratar de uma sociedade, como o próprio nome diz, limitada, os sócios só deveriam responder pelas obrigações sociais no limite de suas quotas ou de maneira solidária na hipótese de não integralização do capital social a que haviam se obrigado. Por essa razão, a única maneira de atingir o patrimônio dos sócios seria, de acordo com o atual Código Civil, em caso de abuso da personalidade jurídica em razão de desvio de finalidade ou confusão patrimonial.

No entanto, há casos de responsabilização dos sócios em leis específicas de determinadas áreas do ireito. Algumas com regras distintas para a desconsideração da personalidade jurídica, como ocorre no Código de Defesa do Consumidor. Outras com responsabilização pessoal dos sócios, o que dispensa a desconsideração da personalidade jurídica, como no Código Tributário Nacional.

E isso ocorre porque a sociedade empresária moderna mantém relacionamento aberto com outras sociedades, trabalhadores, consumidores e concorrentes, deixando em evidência a dinamicidade do Direito Empresarial.

Nesse sentido, é relevante o entendimento de Paula A. Forgioni:

> Ignora-se que a empresa não existe sozinha, mas somente na relação com outras empresas e com os adquirentes de seus produtos ou serviços. Enfim, *despreza-se o mercado e o papel central de sua disciplina jurídica*. A releitura dos principais autores dos anos 1950 e 1960 demonstra que a compreensão da empresa aponta-a "para dentro", mesmo porque gravita em torno do *empresário*. Debruçar-se sobre sua interação com outros agentes econômicos,

---

270 NUNES, Simone Lahorgue; BIANQUI, Pedro Henrique Torres. "A desconsideração da personalidade jurídica: considerações sobre a origem do princípio, sua positivação e a aplicação no Brasil". *In*: FRANÇA, Erasmo Valladão Azevedo e Novaes (Coord.). *Direito Societário contemporâneo I*. São Paulo: Quartier Latin, 2009, p. 317.

> sobre suas *relações*, sobre os condicionamentos que sofre durante sua *ação* – isto é, considerar a empresa *no mercado* – volta-a "para fora", em direção à realidade.[271] (grifos da autora)

As leis específicas tratando de responsabilização envolvem os credores chamados pela doutrina de não negociais. Além dos credores negociais – aqueles que negociam com a sociedade limitada e têm conhecimento de que sua única garantia é o patrimônio da sociedade, tais como fornecedores, bancos, entre outros[272] –, há os credores não negociais que também se relacionam com a sociedade.

Os credores não negociais, como o nome sugere, não negociam com a sociedade e, diferentemente dos credores negociais, não têm como embutir no seu preço o risco do negócio e as perdas decorrentes de eventuais inadimplementos, mas podem, apesar disso, ser titulares de direitos de indenização com relação à sociedade limitada.[273] É o caso dos empregados, do Fisco, da previdência social, dos consumidores, do meio ambiente e de outros que podem sofrer as consequências de atos ilícitos praticados pela sociedade.

Fábio Ulhoa Coelho ensina que "credores não negociais (o fisco, empregados e titulares do direito à indenização) não têm instrumentos para preservar seus interesses em face da separação patrimonial da sociedade e da limitação de responsabilidade dos sócios".[274] Por essa razão, defende que "todos deveriam ter direito de responsabilizar os sócios empreendedores, de forma ilimitada, pelas obrigações sociais".[275]

---

271 FORGIONI, Paula A. *A evolução do Direito Comercial brasileiro: da mercancia ao mercado.* 2ª Ed. São Paulo: Revista dos Tribunais, 2009, p. 82.

272 CALÇAS, Manoel de Queiroz Pereira. *Sociedade Limitada no Novo Código Civil.* São Paulo: Atlas, 2003, p. 94.

273 CALÇAS, Manoel de Queiroz Pereira. *Sociedade Limitada no Novo Código Civil.* São Paulo: Atlas, 2003, p. 95.

274 COELHO, Fábio Ulhoa. *Curso de Direito Empresarial*: Teoria Geral e Direito Societário. vol. 1, 6ª Ed. São Paulo: Atlas, 2014, p. 439.

275 COELHO, Fábio Ulhoa. *Curso de Direito Empresarial*: Teoria Geral e Direito Societário. vol. 1, 6ª ed. São Paulo: Atlas, 2014, p. 439.

Modesto Carvalhosa vai nessa direção, afirmando que, nesses casos, considerados excepcionais, a responsabilidade dos sócios é ilimitada e é essencial a verificação da sua responsabilidade por meio de ação de conhecimento.

Confira-se:

> Conforme orientação jurisprudencial na vigência do Decreto n. 3.708/19, para esses casos excepcionais de responsabilidade pessoal e ilimitada dos sócios será *imprescindível* a verificação da responsabilidade do sócio supostamente faltoso por meio de um processo em que haja *fase de conhecimento*, que permita o contraditório e a ampla defesa do acusado. Esta fase de conhecimento poderia ocorrer em ação própria anterior à execução ou mesmo em embargos de devedor do sócio citado na execução, já que este, uma vez comprovadas as circunstâncias de fato que lhe podem ser imputadas, é devedor direto e não terceiro.[276]

Simone Nunes e Pedro Henrique Bianqui assentam que a verificação da legislação dos diversos ramos do direito sobre o tema demonstra que "ainda pairam dúvidas no ireito brasileiro quanto ao delineamento do princípio da desconsideração da personalidade jurídica, bem como, por diversas vezes, ele é confundido com outros institutos do ireito pátrio, em especial com os casos de responsabilidade civil".[277]

Cumpre verificar, assim, como se dá a responsabilidade dos sócios das sociedades limitadas em outras áreas do ireito.

---

276 CARVALHOSA, Modesto. AZEVEDO, Antônio Junqueira (Coord.). *Comentários ao Código Civil*: parte especial do Direito de Empresa (artigos 1.052 a 1.195). vol. 13, 2ª Ed. São Paulo: Saraiva, 2005, p. 17.

277 NUNES, Simone Lahorgue; BIANQUI, Pedro Henrique Torres. "A desconsideração da personalidade jurídica: considerações sobre a origem do princípio, sua positivação e a aplicação no Brasil". *In*: FRANÇA, Erasmo Valladão Azevedo e Novaes (Coord.). *Direito Societário contemporâneo I*. São Paulo: Quartier Latin, 2009, p. 319.

3.3.1. Direito Tributário

O Código Tributário Nacional dispõe em seu art. 124, inciso I, que são solidariamente obrigados a satisfazer a obrigação tributária todos os interessados no fato gerador da obrigação. Bem por isso que não cabe instaurar um Incidente de Desconsideração de Pessoa Jurídica (IDPJ) para responsabilizar diretamente os sócios.

O art. 135 do Código Tributário Nacional dispõe que:

> São pessoalmente responsáveis pelos créditos correspondentes a obrigações tributárias resultantes de atos praticados com excesso de poderes ou infração de lei, contrato social ou estatutos: I - as pessoas referidas no artigo anterior; II - os mandatários, prepostos e empregados; III - os diretores, gerentes ou representantes de pessoas jurídicas de direito privado. (grifo nosso)

A hipótese legal é de responsabilidade pessoal por atos praticados com excesso de poderes ou infração à lei, contrato ou estatutos, circunstâncias que não deixam de significar fraude. Não se trata de hipótese de desconsideração da personalidade jurídica, "mas sim uma responsabilidade pessoal e direta de determinados sócios, pelas obrigações tributárias da sociedade, uma vez que não se cogita aqui de uso indevido da pessoa jurídica".[278]

Manoel de Queiroz Pereira Calças esclarece que a responsabilidade pelas dívidas tributárias não pode ser atribuída a qualquer sócio, mas apenas àqueles que exercerem a administração da sociedade limitada.

> Em suma, a responsabilidade pelos débitos tributários da sociedade limitada não pode ser imputada ao sócio, pelo simples fato de ser sócio, mas apenas ao sócio que exerça a administração. Outrossim, o mero exercício da administração ou gerência não

278 TOMAZETTE, Marlon. *Curso de Direito Empresarial*: Teoria Geral e Direito Societário. vol. 1, 6ª Ed. São Paulo: Atlas, 2014, p. 269.

> implica automaticamente responsabilidade pessoal do administrador pelos débitos fiscais da sociedade, pois a lei exige que o administrador tenha agido com excesso de poderes ou infringido a norma legal ou o contrato social. Portanto, o administrador só pode ser responsabilizado pessoalmente por dívida fiscal da sociedade se o fisco provar que ele praticou um ato ilícito. Sua responsabilidade decorre do ato ilícito que ensejou o não-pagamento do tributo e não do simples inadimplemento da obrigação tributária da sociedade.[279]

O referido autor salienta, ainda, que, para a responsabilização pessoal dos administradores, é mister a prova de ato de infração à lei praticado por eles:

> ...para que o Fisco responsabilize os administradores da sociedade limitada por obrigações tributárias sociais, é preciso alegar e provar a ocorrência da infração da lei praticada pelo administrador, com observância do contraditório, assegurando-se ampla defesa ao administrador.[280]

Nesse sentido já decidiu o Superior Tribunal de Justiça:

> PROCESSUAL CIVIL. RECURSO ESPECIAL. SUPOSTA OFENSA AO ART. 535 DO CPC. INEXISTÊNCIA DE VÍCIO NO ACÓRDÃO RECORRIDO. EXECUÇÃO FISCAL. ENCERRAMENTO DO PROCESSO FALIMENTAR. CIRCUNSTÂNCIA QUE NÃO IMPEDE O REDIRECIONAMENTO DO PROCESSO EXECUTIVO FISCAL. INVIABILIDADE DE REDIRECIONAMENTO NO CASO CONCRETO. (...) No que se refere ao disposto nos arts. 134 e 135 do CTN, a orientação das Turmas que integram

---

279 CALÇAS, Manoel de Queiroz Pereira. *Sociedade Limitada no Novo Código Civil.* São Paulo: Atlas, 2003, p. 97.

280 CALÇAS, Manoel de Queiroz Pereira. *Sociedade Limitada no Novo Código Civil.* São Paulo: Atlas, 2003, p. 99.

> a Primeira Seção desta Corte firmou-se no sentido de que as regras previstas nos artigos referidos aplicam-se tão-somente aos créditos decorrentes de obrigações tributárias, de modo que, em se tratando de cobrança de multa administrativa, mostra-se inviável o pedido de redirecionamento fulcrado em tais artigos (REsp 408.618/PR, 2ª Turma, Rel. Min. Castro Meira, DJ de 16.8.2004; AgRg no REsp 735.745/MG, 1ª Turma, Rel. Min. Denise Arruda, DJ de 22.11.2007; AgRg no Ag 1.360.737/SC, 1ª Turma, Rel. Min. Arnaldo Esteves Lima, DJe de 9.6.2011). 4. Em relação ao disposto no art. 50 do CC/2002, verifica-se que o pedido de redirecionamento baseia-se tão somente na responsabilidade decorrente do não pagamento do valor executado (multa administrativa), olvidando-se o exequente (ora recorrente) de apontar alguma circunstância que, nos termos da jurisprudência desta Corte, viabilize o redirecionamento da execução fiscal. Impende ressaltar que "a responsabilização dos administradores sócios pelas obrigações imputáveis à pessoa jurídica, em regra, não encontra amparo tão-somente na mera demonstração de insolvência para o cumprimento de suas obrigações (Teoria menor da desconsideração da personalidade jurídica)", fazendo-se "necessário para tanto, ainda, ou a demonstração do desvio de finalidade (este compreendido como o ato intencional dos sócios em fraudar terceiros com o uso abusivo da personalidade jurídica), ou a demonstração da confusão patrimonial (esta subentendida como a inexistência, no campo dos fatos, de separação patrimonial do patrimônio da pessoa jurídica ou de seus sócios, ou, ainda, dos haveres de diversas pessoas jurídicas" (REsp 1.200.850/SP, 3ª Turma, Rel. Min. Massami Uyeda, DJe de 22.11.2010). 5. Recurso especial não provido.[281] (grifo nosso)

E, independentemente da maior ou menor intensidade de responsabilização, o fato concreto é que o princípio da autonomia patrimonial é, de certa forma, mitigado pela lei, com invasão do patrimônio do sócio

281 BRASIL. STJ, Segunda Turma, REsp n. 1267232. Rel. Min. Mauro Campbell Marques. DJe. 08/09/2011.

administrador quando o tributo não puder ser pago com os recursos e bens da pessoa jurídica.

Prestigia-se, enfim, o crédito tributário.

3.3.2. Direito do Consumidor

A doutrina é unânime ao reconhecer que o Código de Defesa do Consumidor foi a primeira lei brasileira[282] a prever a possibilidade de desconsideração da personalidade jurídica. Segundo Carvalhosa, "o legislador consumerista incluiu no Código de Defesa do Consumidor (...) o art. 28, que alçou, pela primeira vez, ao plano legislativo a matéria da desconsideração da personalidade jurídica, de especial aplicação no ireito ocietário".[283]

O art. 28 do Código de Defesa do Consumidor, está assim redigido:

> O juiz poderá desconsiderar a personalidade jurídica da sociedade quando, em detrimento do consumidor, houver abuso de direito, excesso de poder, infração da lei, fato ou ato ilícito ou violação dos estatutos ou contrato social. A desconsideração também será efetivada quando houver falência, estado de insolvência, encerramento ou inatividade da pessoa jurídica provocados por má administração.

Bem se verifica que a mitigação do princípio da autonomia patrimonial, no caso de relações de consumo, possui como base fática, genericamente, atos que possam constituir fraude, como o abuso de

---

282 Maria de Fátima Ribeiro relata que, em Portugal, ainda não há previsão ou regulação pelo direito positivo do instituto da desconsideração da personalidade jurídica. (RIBEIRO, Maria de Fátima. "Desconsideração da personalidade jurídica e tutela de credores". *In: Questões de Direito Societário em Portugal e no Brasil.* Coimbra: Almedina, 2012, p. 516).

283 CARVALHOSA, Modesto. *Sociedade Limitada no Novo Código Civil.* São Paulo, Atlas, 2003, pp. 27/28.

direito, excesso de poder, infração à lei, ato ilícito ou violação ao contrato ou estatutos.

Modesto Carvalhosa concorda com o entendimento de que o referido artigo do CDC excepciona a limitação de responsabilidade dos sócios,

> Consagrando a superação da personalidade jurídica em *caráter excepcional* e episódico para alcançar o patrimônio daqueles, de forma *subsidiária* e *ilimitada*, em razão da comprovação do *desvio de finalidade* dado à pessoa jurídica, caracterizado pelo *abuso de direito, excesso de poder, infração da lei* ou do *contrato social* ou *fato* ou *ato ilícito*, que ocorra em *prejuízo* do consumidor ou da ordem econômica, conforme o caso.[284] (grifos do autor)

Segundo Pereira Calças, o art. 28 do CDC não está tecnicamente bem redigido, pois "instituiu como pressupostos autorizativos da desconsideração da personalidade jurídica da sociedade limitada hipóteses que já estavam casuisticamente previstas no Decreto nº 3.708/19".[285]

No mesmo sentido é o posicionamento de Marlon Tomazette, para quem as hipóteses de abuso de direito, excesso de poder, infração da lei, fato ou ato ilícito ou violação dos estatutos ou contrato social foram desnecessariamente inseridas no CDC, vez que já eram previstas no Decreto n. 3.708/19, na Lei n. 6.404/76 e no Código Civil de 1916. Além disso, afirma que não são casos de desconsideração de personalidade jurídica, mas sim de responsabilização pessoal dos sócios ou administradores.[286]

Fábio Ulhoa Coelho compartilha do mesmo entendimento:

---

284 CARVALHOSA, Modesto. *Sociedade Limitada no Novo Código Civil*. São Paulo, Atlas, 2003, p. 28.

285 CALÇAS, Manoel de Queiroz Pereira. *Sociedade Limitada no Novo Código Civil*. São Paulo: Atlas, 2003, p. 101.

286 TOMAZETTE, Marlon *Curso de Direito Empresarial*: Teoria Geral e Direito Societário. vol. 1, 6ª Ed. São Paulo: Atlas, 2014, p. 258.

> ...tais são os desacertos do dispositivo em questão que pouca correspondência se pode identificar entre ele e a elaboração doutrinária da teoria. Com efeito, entre os fundamentos legais da desconsideração em benefício dos consumidores, encontram-se hipóteses caracterizadoras de responsabilização de administrador que pressupõem nenhum superamento da forma da pessoa jurídica. Por outro lado, omite-se a fraude, principal fundamento para a desconsideração. A dissonância entre o texto da lei e a doutrina nenhum proveito traz à tutela dos consumidores, ao contrário, é fonte de incertezas e equívocos.[287]

Segundo Simone Nunes e Pedro Henrique Torres, o Código de Defesa do Consumidor contribuiu "para a obscuridade do tema, seja pelas dificuldades apresentadas pela confusa redação do texto do seu art. 28, seja porque mistura os institutos da responsabilidade civil com o princípio da desconsideração da personalidade jurídica".[288] E continuam: "desnecessário falar-se aqui do parágrafo 5° do mesmo artigo, já tão atacado pela doutrina pátria pela sua incompatibilidade com o resto do artigo no qual se insere, bem como pela amplitude da hipótese que descreve".[289]

No entanto, Christian Gloger defende que as hipóteses de excesso de poder, infração da lei, fato ou ato ilícito, violação dos estatutos ou contrato social, falência, estado de insolvência, encerramento

---

287 COELHO, Fábio Ulhoa. *Curso de Direito Empresarial*: teoria geral e Direito Societário. vol. 1, 6ª Ed. São Paulo: Atlas, 2014, p. 73.

288 NUNES, Simone Lahorgue; BIANQUI, Pedro Henrique Torres. "A desconsideração da personalidade jurídica: considerações sobre a origem do princípio, sua positivação e a aplicação no Brasil". *In*: FRANÇA, Erasmo Valladão Azevedo e Novaes (Coord.). *Direito Societário c*

ontemporâneo I. São Paulo: Quartier Latin, 2009, p. 322.

289 NUNES, Simone Lahorgue; BIANQUI, Pedro Henrique Torres. "A desconsideração da personalidade jurídica: considerações sobre a origem do princípio, sua positivação e a aplicação no Brasil". *In*: FRANÇA, Erasmo Valladão Azevedo e Novaes (Coord.). *Direito Societário contemporâneo I*. São Paulo: Quartier Latin, 2009, p. 322.

ou inatividade de pessoas jurídicas provocados por má administração podem autorizar a desconsideração da personalidade jurídica. Para ele, o art. 28 do CDC é uma evolução da teoria da desconsideração da personalidade jurídica e imputar ao consumidor o risco de insolvência da sociedade não parece justo.[290]

De fato, vai além o Código de Defesa do Consumidor quando, no § 5º do art. 28, espanta qualquer dúvida ou fundamento fraudulento para a possibilidade de desconsideração da personalidade jurídica. Ao estabelecer que "também poderá ser desconsiderada a pessoa jurídica sempre que sua personalidade for, de alguma forma, obstáculo ao ressarcimento de prejuízos causados aos consumidores", o Código de Defesa do Consumidor supera qualquer limite ou oposição que se possa pretender em prol da autonomia da pessoa jurídica. Basta que a sua personalidade seja obstáculo ao ressarcimento dos consumidores.

A jurisprudência do Tribunal de Justiça do Estado de São Paulo, nos casos consumeristas, adotou a teoria menor da desconsideração da personalidade jurídica, bastando, para a desconsideração, que a personalidade jurídica seja um obstáculo ao ressarcimento do dano. Confira-se:

> Desconsideração da personalidade jurídica. Ação de indenização por danos morais em fase de cumprimento de sentença. Relação de consumo - Aplicação do § 5º do art. 28 do CDC. Pessoa jurídica que pode ser desconsiderada sempre que a sua personalidade for, de alguma forma, obstáculo ao ressarcimento do prejuízo causado ao consumidor. Desnecessidade de demonstração da ocorrência dos requisitos previstos no "caput" do art. 28 do CDC. Desconsideração da personalidade jurídica - Agravada que deixou de pagar o débito ou de indicar bens à penhora Bloqueio "on line" que restou infrutífero. Personalidade jurídica da agravada que está impedindo que os agravantes recebam o valor que lhes

290 GLOGER, Christian. "A responsabilidade civil dos sócios de uma sociedade limitada em relações de consumo: uma nova análise do art. 28 do CDC". 2005. *In*: WALD, Arnaldo (Coord.). *Direito Empresarial*: Teoria Geral. vol. 1, São Paulo: Revista dos Tribunais, 2011, p. 818.

> é devido - Ato de expropriação que deve atingir os bens particulares dos sócios da agravada. Necessidade de se proceder à citação dos sócios, para que eles sejam incluídos, formalmente, na relação processual - Agravo provido.[291]

> Compra e venda de bem móvel – Ação de rescisão contratual c/c reparação de danos – Procedência decretada, com reconhecimento da existência de vício oculto – Cumprimento de sentença – Desconsideração da personalidade jurídica acolhida. 1. Regular processamento do incidente, com citação por oficial de justiça que, suspeitando de ocultação, realizou o ato por hora certa – Liminar deferindo o bloqueio de bens ocorrida após esse ato mediante decisão fundamentada – Validade. 2. Contraditório e ampla defesa respeitados, com apresentação de defesa pelos réus pessoas físicas. 3. Aplicação da Teoria Menor – Cabimento – Indiscutível relação de consumo – Atos da vendedora que dificultaram o exercício do direito do consumidor e a reparação dos danos sofridos – Razões recursais baseadas na ausência dos requisitos do art. 50 do CC – Irrelevância à vista da regra prevista no §5° do art. 28 da Lei 8.078/90. 4. Excesso de execução – Inocorrência – Multa e honorários do §1° do art. 523 do CPC cabíveis em cumprimento provisório de sentença – Expressa previsão legal (CPC, art. 520, §2°). 5. Embargos de declaração em face da decisão que atribuiu parcial efeito suspensivo ao agravo – Perda do objeto pelo julgamento de mérito do recurso principal. 6. Agravo de instrumento improvido, cassada a liminar, prejudicados os embargos de declaração.[292]

É, também, a linha adotada pelo Superior Tribunal de Justiça:

> DIREITO DO CONSUMIDOR E PROCESSUAL CIVIL. RECURSO ESPECIAL. EXECUÇÃO FRUSTRADA. PEDIDO DE DESCONSIDERAÇÃO DA PERSONALIDADE

291 SÃO PAULO. TJSP, 23ª Câmara de Direito Privado, AI n. 2028702-34.2014.8.26.0000. Rel. Des. José Marcos Marrone. DJe. 12/04/2014.

292 SÃO PAULO. TJSP, 26ª Câmara de Direito Privado, AI n. 2244902-25.2020.8.26.0000. Rel. Des. Vianna Cotrim. DJe. 26/10/2020.

> JURÍDICA. INDEFERIMENTO. FUNDAMENTAÇÃO APOIADA NA INEXISTÊNCIA DOS REQUISITOS PREVISTOS NO ART. 50 DO CÓDIGO CIVIL DE 2002 (TEORIA MAIOR). ALEGAÇÃO DE QUE SE TRATAVA DE RELAÇÃO DE CONSUMO. INCIDÊNCIA DO ART. 28, § 5º, DO CDC (TEORIA MENOR). OMISSÃO. OFENSA AO ART. 535 DO CPC RECONHECIDA. 1. É possível, em linha de princípio, em se tratando de vínculo de índole consumerista, a utilização da chamada Teoria Menor da desconsideração da personalidade jurídica, a qual se contenta com o estado de insolvência do fornecedor, somado à má administração da empresa, ou, ainda, com o fato de a personalidade jurídica representar um "obstáculo ao ressarcimento de prejuízos causados aos consumidores" (art. 28 e seu § 5º, do Código de Defesa do Consumidor). 2. Omitindo-se o Tribunal a quo quanto à tese de incidência do art. 28, § 5º, do CDC (Teoria Menor), acolhe-se a alegação de ofensa ao art. 535 do CPC. 3. Recurso especial parcialmente conhecido e provido.[293]

A orientação se pacificou pelo julgamento do REsp n. 279273/SP, caso paradigmático que envolvia a responsabilidade de shopping center pela explosão em seu interior. Por maioria apertada, o STJ adotou a teoria menor da desconsideração da personalidade jurídica.[294]

Marlon Tomazette, contudo, discorda desse posicionamento a respeito do § 5º do art. 28 do CDC. Para ele, "conquanto a proteção do consumidor seja importante, sendo um princípio basilar do CDC,

---

293 BRASIL. STJ, Quarta Turma, REsp n. 1111153/RJ. Rel. Min. Luis Felipe Salomão. DJe 04/02/2013.

294 BRASIL. STJ, Terceira Turma, REsp n. 279273/SP. Rel. Min. Nancy Andrighi. DJe 29/03/2004. Acórdão citado por FRAZÃO, Ana. "Desconsideração da personalidade jurídica e tutela de credores". *In: COELHO,* Fábio Ulhoa; RIBEIRO, Maria de Fátima (Coord.). *Questões de Direito Societário em Portugal e no Brasil.* Coimbra: Almedina, 2012, pp. 492/493.

é certo que a pessoa jurídica também é importantíssima, sendo um dos mais importantes institutos do direito privado".[295]

E continua:

> ...a prevalência de tal interpretação representaria a revogação da autonomia patrimonial no âmbito do direito do consumidor (...). Além do que, a própria forma com que foi colocada tal regra, no parágrafo quinto, não nos permite interpretá-la literalmente e, por conseguinte, ignorar o *caput* do referido dispositivo.[296]

Fábio Ulhoa Coelho, por seu turno, entende que a interpretação literal do § 5º do art. 28 não pode prevalecer por contrariar os elementos teóricos da doutrina da desconsideração, porque tornaria letra morta o disposto no caput do art. 28 e, também, porque acarretaria a extinção da pessoa jurídica no âmbito do direito do consumidor. Assim, para o autor, deve ser interpretado o parágrafo como relativo às sanções não pecuniárias impostas ao empresário em razão do descumprimento das normas de proteção ao consumidor.[297]

Verifica-se, entretanto, que a jurisprudência tem prestigiado, totalmente, o direito do consumidor.

3.3.3. Direito Concorrencial

O art. 34 da Lei n.12.529, de 30 de novembro de 2011, nova Lei Antitruste, prevê que

---

295 TOMAZETTE, Marlon. *Curso de Direito Empresarial*: Teoria Geral e Direito Societário. vol. 1, 6ª Ed. São Paulo: Atlas, 2014, p. 261.

296 TOMAZETTE, Marlon. *Curso de Direito Empresarial*: Teoria Geral e Direito Societário. vol. 1, 6ª ed. São Paulo: Atlas, 2014, p. 261.

297 COELHO, Fábio Ulhoa. *Curso de Direito Empresarial*: Teoria Geral e Direito Societário. vol. 1, 6ª Ed. São Paulo: Atlas, 2014, p. 75.

> A personalidade jurídica do responsável por infração da ordem econômica poderá ser desconsiderada quando houver da parte deste abuso de direito, excesso de poder, infração da lei, fato ou ato ilícito ou violação dos estatutos ou contrato social.
>
> Parágrafo único. A desconsideração também será efetivada quando houver falência, estado de insolvência, encerramento ou inatividade da pessoa jurídica provocados por má administração.

Igualmente parte do pressuposto da existência fraude consistente em abuso, excesso de poder, infração, ato ilícito ou violação dos estatutos ou do contrato, prevendo, também, a possibilidade nos casos de falência, insolvência, encerramento irregular ou inatividade decorrente de má administração.

Segue na esteira do Código de Defesa do Consumidor, pois as hipóteses de desconsideração são as mesmas.

Segundo Fábio Ulhoa Coelho, não há "dúvidas quanto à pertinência da aplicação da teoria da desconsideração no campo da tutela do livre mercado"[298], porém o legislador copiou o regramento do CDC e repetiu as mesmas impropriedades.

Marlon Tomazette ressalta que "não se tem notícias de aplicação dessa desconsideração da personalidade jurídica no âmbito do Conselho Administrativo de Defesa Econômica (CADE), sobretudo diante das regras constantes dos artigos 32 e 33 da mesma Lei".[299] Isso porque, segundo o autor, o estabelecimento de regras de solidariedade entre pessoas integrantes de um mesmo grupo econômico faz perder a utilidade da desconsideração da personalidade jurídica.

---

298 COELHO, Fábio Ulhoa. *Curso de Direito Empresarial*: Teoria Geral e Direito Societário. vol. 1, 6ª Ed. São Paulo: Atlas, 2014, p. 76.

299 TOMAZETTE, Marlon. *Curso de Direito Empresarial*: Teoria Geral e Direito Societário. vol. 1, 6ª Ed. São Paulo: Atlas, 2014, p. 263.

De todo modo, o legislador prestigiou o Direito Concorrencial e a tutela do livre mercado em detrimento da limitação de responsabilidade dos sócios da sociedade limitada.

3.3.4. Direito do Trabalho

O Código de Processo Civil de 2015 positivou o IDPJ, em seus arts. 133 a 137, o que impactou diretamente o processo do trabalho. Essa previsão foi incluída na CLT no art. 855-A, por meio da Lei 13.467/17.

A desconsideração da personalidade jurídica em matéria trabalhista, pode, assim, ser solicitada em qualquer grau de jurisdição ou fase do processo por força do art. 134 do CPC.[300]

O entendimento que predomina é no sentido de que a desconsideração da personalidade jurídica, na Justiça do Trabalho, far-se-á sempre com a adoção da teoria menor, o que significa não se exigir do trabalhador a prova da fraude e dos requisitos do art. 50 do Código Civil.[301]

O regramento, na visão trabalhista, justificar-se-ia pela noção de que o processo do trabalho tem princípio inquisitivo, na forma do art. 878 da CLT, com o intuito de garantir o adimplemento das obrigações trabalhistas mesmo em caso de insolvência da sociedade, ou dissolução ou extinção irregular.

O art. 8º, § 1º da CLT, alterado pela Lei 13.467/2017, orienta à aplicação subsidiária do direito comum, o que permite a aplicação das disposições contidas no art. 28 do CDC, § 5º, a fim de ressarcir os

---

300 DELGADO, Maurício Godino. *Curso de Direito do Trabalho*: obra revista e atualizada conforme a lei da reforma trabalhista e inovações normativas e jurisprudenciais posteriores. 18ª Ed. São Paulo: LTr, 2019, p. 600.

301 CAVALCANTE, Jouberto de Quadros Pessoa; JORGE NETO, Francisco Ferreira. *Direito do Trabalho*. 9ª Ed. São Paulo: Atlas, 2019, p. 463.

prejuízos causados aos trabalhadores.[302] Essa concepção, permitiria que partes e MP, mesmo diante de situações em que não se enxerga claramente a incidência desses artigos, requeressem ao juiz a desconsideração independentemente da citação e do ferimento ao contraditório.[303]

Mauro Schiavi afirma não ver incompatibilidade entre a falta do contraditório e a desconsideração, no processo do trabalho, já que, para sua declaração, analisa-se tão somente a ausência de bens penhoráveis.

E assenta inexistir necessidade do contraditório:

> Mas qual é a incompatibilidade existente entre o contraditório previsto no NCPC para a análise dos pressupostos autorizadores da desconsideração e o processo do trabalho? A resposta é "aparentemente" simples: a incompatibilidade decorre da desnecessidade do procedimento, pois a adoção da teoria menor ou objetiva retira do Juiz do Trabalho a preocupação com os "pressupostos legais específicos" a que alude o dispositivo do novo código, já que o único requisito apto a determinar a medida aqui estudada é a ausência de patrimônio, que não precisa ser aferida em contraditório, já que: 1. Provada ante as tentativas frustradas de penhora de ativos financeiros, veículos, bens imóveis, dentre outros da pessoa jurídica; 2. Presumida pela ausência de depósito ou nomeação de bens em valor suficiente ao pagamento da dívida.

---

302 CAVALCANTE, Jouberto de Quadros Pessoa. JORGE NETO, Francisco Ferreira. "A desconsideração da personalidade jurídica e seus desdobramentos no CPC/2015 e na Lei n. 13.467/2017". *In:* SOUZA JUNIOR, Antonio Umberto de Souza. *et al.* (Coord.) *Reforma Trabalhista:* análises e comentários sobre a Lei n. 13.467/2017. São Paulo: LTs, 2018, p. 136.

303 Art. 878, da Lei n. 5.452: "Art. 878. A execução será promovida pelas partes, permitida a execução de ofício pelo juiz ou pelo Presidente do Tribunal apenas nos casos em que as partes não estiverem representadas por advogado". BRASIL. Lei n. 5.452, de 1° de maio de 1943. Aprova a Consolidação das Leis do Trabalho. Disponível em: http://www.planalto.gov.br/ccivil_03/decreto-lei/del5452.htm. Acesso em 21 abr. 2021.

Assenta, ainda, a dispensabilidade do incidente:

> Além das justificativas expostas, outra se mostra muito forte para demonstrar a incompatibilidade entre o instituto do NCPC e o processo do trabalho: a suspensão do processo determinada para novo código até o julgamento do incidente. Sobre o tema Cléber Lúcio de Almeida é enfático ao dizer que: Destarte, não é compatível com o ireito rocessual do trabalho a previsão de que, requerida a desconsideração da personalidade jurídica, deverá ser instaurado incidente, com suspensão do processo, medida que se mostra, inclusive, injustificável, na medida em que faz depender do reconhecimento do crédito (objeto da demanda) a fixação da responsabilidade pela sua satisfação (objeto do incidente. Por todos os ângulos que se analise o cabimento do incidente, conclui-se pela incompatibilidade, seja pela desnecessidade de cognição acerca requisitos legais não aplicáveis ao processo do trabalho ou pelo ferimento ao princípio da celeridade, decorrente da previsão de suspensão do processo pela apresentação do incidente, que dificultariam "a persecução do patrimônio empresarial ou societário a fim de garantir o pagamento da dívida trabalhista. Não se admite a transposição dos recursos do empreendimento ao empregado, que os assumirá se a inexistência de patrimônio empresarial pudesse tornar inefetiva a execução trabalhista.

No entanto, apesar da adoção da teoria menor na Justiça do Trabalho, o que dispensaria o contraditório, o Tribunal Superior do Trabalho reconheceu o cabimento do incidente de desconsideração da personalidade jurídica na IN 39/16.[304]

---

304 KIPPEL, Bruno. "O incidente de desconsideração da personalidade jurídica e suas repercussões no processo do trabalho à luz da Lei n. 13.467/17". *In*: TREMEL, Rosangela; CALCINI, Ricardo. *Reforma Trabalhista:* Primeira Impressões. Paraíba: EDUEPB, 2018.

A Consolidação das Leis do Trabalho, ao contrário do que ocorre nas legislações tributária, consumerista e ambiental, não possui dispositivo legal prevendo a desconsideração da personalidade jurídica.

Há quem defenda que o art. 2°, § 2°, da CLT consagra hipótese de desconsideração da personalidade jurídica.[305] Contudo, a maior parte da doutrina interpreta que o artigo não prevê caso de desconsideração, mas sim de responsabilidade solidária.[306]

Conforme Tomazette, no mencionado artigo, afirma: "não se discute o uso da pessoa jurídica, mas se protege de maneira direta o empregado, garantindo-lhe uma responsabilidade solidária das diversas integrantes do grupo, independente de fraude ou abuso".[307]

Simone Nunes e Pedro Henrique Torres defendem, também, que o parágrafo 2° do art. 2°, da CLT, não seria hipótese de desconsideração da personalidade jurídica:

> De fato, o que se apresenta no parágrafo 2°, acima referido, é uma hipótese que nos parece diversa da desconsideração, inclusive porque de efeitos potencialmente mais severos do que a aplicação do princípio aqui estudado. Note-se que, na hipótese do dispositivo da lei trabalhista, sequer se fala em fraude ou qualquer tipo de abuso na utilização da pessoa jurídica; a norma simplesmente estabelece uma solidariedade entre empresas do mesmo grupo, de modo a tutelar o interesse do trabalhador, como é sabido, constitucionalmente protegido.[308]

---

305 WALD, Arnoldo. "Da aplicação da teoria da desconsideração da personalidade jurídica pelo Superior Tribunal de Justiça: comentários ao acórdão no REsp 693.235/MT (rel. Min. Luis Felipe Salomão, DJe 30.11.2009)". *In*: FRAZÃO, Ana; TEPEDINO, Gustavo (Coord.). *O Superior Tribunal de Justiça e a reconstrução do Direito Privado*. São Paulo: Revista dos Tribunais, 2011, p. 131.

306 TOMAZETTE, Marlon. *Curso de Direito Empresarial*: Teoria Geral e Direito Societário. vol. 1, 6ª Ed. São Paulo: Atlas, 2014, p. 267.

307 TOMAZETTE, Marlon. *Curso de Direito Empresarial*: Teoria Geral e Direito Societário. vol. 1, 6ª ed. São Paulo: Atlas, 2014, p. 267.

308 NUNES, Simone Lahorgue; BIANQUI, Pedro Henrique Torres. "A desconsideração da personalidade jurídica: considerações sobre a origem do princípio, sua

Tomazette salienta que o fato de o parágrafo 2º do art. 2º, da CLT, não prever a hipótese de desconsideração da personalidade jurídica não significa que o instituto não possa ser utilizado no âmbito do Direito do Trabalho. Segundo o autor, a sua aplicação é possível "com base na própria teoria ou ainda com base no Código Civil, aplicável às relações trabalhistas por força do art. 8º da CLT. Não acreditamos ser possível invocar as regras do CDC, dada a especificidade dessa regra".[309]

A jurisprudência da Justiça do Trabalho, contudo, ignora a limitação da responsabilidade dos sócios quando se trata de execução de verbas decorrentes das relações de trabalho, determinando-se, já no início da execução e independentemente de qualquer averiguação das causas, a desconsideração da personalidade jurídica, muitas vezes, aplicando, por analogia, o art. 28 do CDC ou o art. 35 do CTN.

Veja-se:

> AGRAVO DE PETIÇÃO. EXECUÇÃO. GRUPO ECONÔMICO. DESCONSIDERAÇÃO DA PERSONALIDADE JURÍDICA. ARTIGOS 50/CC E 28/CDC. A desconsideração da personalidade jurídica encontra sede não apenas no artigo 50 do CC, incidente nas hipóteses de utilização abusiva e fraudulenta do ente jurídico, mas também no artigo 28 do CDC, aplicável sempre que a personalidade jurídica se traduzir em obstáculo à satisfação dos créditos executados. A personalidade jurídica não constitui um direito absoluto, por estar sujeita às teorias da fraude contra credores e do abuso de direito. Exatamente para combater a fraude e o abuso de direito é que surgiu a doutrina da desconsideração ou superamento da personalidade jurídica.[310]

---

positivação e a aplicação no Brasil". *In*: FRANÇA, Erasmo Valladão Azevedo e Novaes (Coord.). *Direito Societário contemporâneo I*. São Paulo: Quartier Latin, 2009, p. 322., pp. 320/321.

309 TOMAZETTE, Marlon. *Curso de Direito Empresarial*: Teoria Geral e Direito Societário. vol. 1, 6ª ed. São Paulo: Atlas, 2014, p. 267.

310 DISTRITO FEDERAL E TOCANTINS. TRT-10, Primeira Turma, AP n. 00827200801910009. Rel. Des. Dorival Borges de Souza Neto, DEJT 28.03.2014.

Como bem observou Ben-Hur Silveira Claus, a desconsideração da personalidade jurídica é utilizada de maneira excepcional pela Justiça Comum, mas não na Justiça do Trabalho:

> Se na Justiça Comum a invocação da teoria desconsideração da personalidade jurídica da sociedade personificada é encarada como medida excepcional cuja aplicação reclama estrita configuração dos requisitos do art. 50 do Código Civil, a aplicação dessa teoria é de ocorrência ordinária na Justiça do Trabalho, bastando que a invocação da autonomia patrimonial seja oposta como obstáculo à satisfação de crédito trabalhista para que se tenha por configurado a utilização abusiva da personalidade jurídica da sociedade personificada. (...) ao credor trabalhista incumbe apenas demonstrar a insuficiência dos bens da sociedade executada, para que a execução seja direcionada aos sócios.[311]

A título de ilustração do que se afirmou basta a transcrição de antiga ementa de julgamento do Colendo Tribunal Superior do Trabalho, da relatoria do eminente ministro João Batista Brito Pereira:

> A teoria da desconsideração da personalidade jurídica tem aplicação no Direito do Trabalho sempre que não houver patrimônio da sociedade, quando ocorrer dissolução ou extinção irregular ou quando os bens não forem localizados, respondendo os sócios de forma pessoal e ilimitada, a fim de que não se frustre a aplicação da lei e os efeitos do comando judicial executório. [312]

---

311 CLAUS, Ben-Hur Silveira. "A desconsideração inversa da personalidade jurídica na execução trabalhista e a pesquisa eletrônica de bens de executados". *Revista LTr*: legislação do trabalho - publicação mensal de legislação, doutrina e jurisprudência. Ano 77, janeiro. São Paulo: LTr, 2013, pp. 77-01/37.

312 BRASIL. TST, Quinta Turma, AIRR n. 22.289/2002-900-09-00.2. Relator João Batista Brito Pereira. DEJT. 29/10/2003.

E, nessa linha, outros julgados[313] há muito já afastavam a limitação da responsabilidade do sócio para a garantia de direitos trabalhistas, independentemente dos motivos ou causas da insuficiência patrimonial da sociedade empresária.

Há quem entenda, inclusive, que a responsabilização do ex-sócio continua sendo possível mesmo após o lapso temporal de dois anos previsto no art. 1.003, do Código Civil.

É este o entendimento de Enoque Ribeiro dos Santos: "Da análise hermenêutica do dispositivo legal mencionado se depreende que os ex-sócios têm plena responsabilização pelas dívidas até dois anos após a averbação da modificação do contrato, por todas as obrigações que tinham como sócios, da mesma forma que os sócios atuais, ao tempo em que participavam da sociedade. Porém, excepcionalmente, caso os ex-sócios ao tempo em que integravam a sociedade tenham participado da celebração do contrato de trabalho com os obreiros, e, daí também tenham auferido vantagens ou se apropriado da força de trabalho correlata, deverão responder pelas dívidas trabalhistas, caso a empresa ou sociedade não disponha de patrimônio suficiente para arcar com tais dispêndios, mesmo transcorrido o interregno de dois anos, como dispõe a norma civilista.[314]

Verifica-se, assim, que, no âmbito trabalhista, na prática, é ilimitada a responsabilidade dos sócios. O direito do trabalhador supera, sem dificuldade, o princípio da autonomia patrimonial e a limitação de responsabilidade dos sócios, tendo como suporte jurisprudencial o

---

313 BRASIL. TST, Subseção II Especializada em Dissídios Individuais, ROMS n. 416.427. Rel. Min. Francisco Fausto – DJU. 02/02/2001; BRASIL. TST, 3ª Turma, AIRR n. 32.482/2002.900.05.00.3. Rel. Juiz Conv. Paulo Roberto Sifuentes Costa. DJU. 16/05/03; BRASIL. TST, Subseção II Especializada em Dissídios Individuais, ROAR n. 6.103/2003-909-09-00.6. Rel. Min. Emmanoel Pereira. DJU. 04/08/2006.

314 SANTOS, Enoque Ribeiro dos. "Responsabilidade de ex-sócios e administradores no âmbito trabalhista". *Revista LTr*: legislação do trabalho: publicação mensal de legislação, doutrina e jurisprudência. Ano 77, setembro. São Paulo: LTr, 2013, pp. 77-09/1044.

fundamento de que o contrário seria uma indevida transferência ao trabalhador do risco do empreendimento empresarial. Prestigia-se, dessa forma, o crédito trabalhista.

3.3.5. Direito Ambiental

No Direito Ambiental, o art. 4º da Lei n. 9.605/98, assenta que "poderá ser desconsiderada a pessoa jurídica sempre que sua personalidade for obstáculo ao ressarcimento de prejuízos causados à qualidade do meio ambiente".

Logo, não há necessidade de comprovação de uma atuação ilícita, fraudulenta ou em abuso de direito, quando confirmado um prejuízo ao meio ambiente para a instauração do incidente de desconsideração da personalidade jurídica. No Direito Ambiental, uma vez configurado o dano, todos os meios são usados para que haja um ressarcimento efetivo, independentemente do motivo que tenha ensejado à situação.

O compromisso legislativo em material ambiental orienta-se mais à proteção do meio ambiente do que à proteção da empresa contra seus maus sócios, o que pode se verificar pelos princípios do poluidor pagador e da reparação integral do Direito Ambiental.

É importante destacar que, pelo princípio do poluidor pagador, a responsabilidade pelo dano ambiental é objetiva. Sendo o autor do dano pessoa jurídica que não adimple com a obrigação de reparação, aplica-se a desconsideração da personalidade jurídica.[315]

O comando legal, neste caso, foi ainda mais direto do que o Código de Defesa do Consumidor, deixando de aludir ao que consta do caput do art. 28 e ficando na genérica possibilidade de desconsideração sempre

---

315 KÖHLER, Graziela de Oliveira. "A aplicação da teoria da desconsideração da personalidade jurídica na responsabilidade civil ambiental". *Revista do Curso de Direito da FSG*. a. 6, n. 11, jan./jun. 2012, pp. 135/136. Caxias do Sul: 2012. Disponível em: http://ojs.fsg.br/index.php/direito/article/view/351.Acesso em 21 abr. 2021.

que a autonomia patrimonial própria da personalidade da pessoa jurídica for óbice ao ressarcimento de prejuízo à qualidade do meio ambiente.

Assim, aplicam-se, aqui, as mesmas críticas feitas ao art. 28, § 5º, do CDC, quando examinada a responsabilidade dos sócios no âmbito do direito do consumidor.[316] Para Tomazette, a crítica à aplicação da teoria menor se mantém, vez que "não há espaço para aplicação da teoria menor, o que há nesses casos é a abertura da aplicação da desconsideração da personalidade jurídica a todos os casos em que configurarem um uso indevido da autonomia patrimonial".[317]

Contudo, forçoso lembrar que há entendimento jurisprudencial defendendo a aplicação da teoria menor:

> AGRAVO DE INSTRUMENTO - EXECUÇÃO FISCAL - MULTA AMBIENTAL - INCLUSÃO DO SÓCIO NO POLO PASSIVO DA DEMANDA - DESCONSIDERAÇÃO DA PERSONALIDADE JURÍDICA - CERTIDÃO OFICIAL DE JUSTIÇA - DISSOLUÇÃO IRREGULAR - TEORIA MENOR DA DESCONSIDERAÇÃO DA PERSONALIDADE JURÍDICA. O colendo STJ pacificou o entendimento de que certidão expedida por Oficial de Justiça, comprovando que a sociedade não funciona no endereço indicado, pressupõe o seu encerramento irregular. A Lei 9.605/98, que dispõe sobre as sanções penais e administrativas derivadas de condutas e atividades lesivas ao meio ambiente, consagrou a teoria menor da desconsideração da personalidade jurídica no Direito Ambiental, prevendo, em seu artigo 4º, a possibilidade de desconsideração da personalidade jurídica da empresa quando for obstáculo ao ressarcimento de prejuízos causados à qualidade do meio ambiente.[318]

---

316 item 3.3.2., *supra*.

317 TOMAZETTE, Marlon. *Curso de Direito Empresarial*: Teoria Geral e Direito Societário. vol. 1, 6ª Ed. São Paulo: Atlas, 2014, pp. 263/264.

318 MINAS GERAIS. TJMG, 2ª Câmara Cível, AI n. 10110090218204001. Rel. Des. Afrânio Vilela. DJe. 15/04/2013.

> EXECUÇÃO FISCAL. EXCEÇÃO DE PRÉ-EXECUTIVIDADE. REJEIÇÃO. INCLUSÃO DOS SÓCIOS DA EXECUTADA DO PÓLO PASSIVO DEMANDA. APLICABILIDADE DA TEORIA MENOR DA DESCONSIDERAÇÃO DA PERSONALIDADE JURÍDICA. EXEQUENTE QUE BUSCA A SATISFAÇÃO DO DÉBITO, INFRUTIFERAMENTE, DESDE O AJUIZAMENTO DA AÇÃO. INSOLVÊNCIA DA EMPRESA DEVIDAMENTE DEMONSTRADA, O QUE BASTA PARA O REDIRECIONAMENTO DA EXECUÇÃO. PRESCRIÇÃO INTERCORRENTE AFASTADA. PROCESSO SUSPENSO POR VÁRIOS ANOS, DEVIDO A ACORDO (PARA PAGAMENTO PARCELADO DO DÉBITO) CELEBRADO ENTRE AS PARTES. AUSÊNCIA DE INÉRCIA POR PARTE DA FAZENDA PÚBLICA NA BUSCA DO CRÉDITO. DECISÃO MANTIDA. RECURSO DESPROVIDO". Trecho de Voto do Relator: "(...) Já está pacificado o entendimento de que em matéria ambiental (assim como nas relações de consumo), aplica-se a Teoria Menor da Desconsideração da Personalidade Jurídica. Portanto, para o redirecionamento da execução ao sócio, basta a prova de insolvência da empresa, independentemente da existência de desvio de finalidade ou de confusão patrimonial. A esse respeito, a Lei 9.605/98, em seu artigo 4°, preconiza: "poderá ser desconsiderada a personalidade jurídica sempre que sua personalidade for obstáculo ao ressarcimento de prejuízos causados à qualidade do meio ambiente.[319]

Foi prestigiado, também, o Direito Ambiental.

3.3.6. Direito Civil

Impõe-se anotar, neste tópico, que o art. 50 do Código Civil foi alterado pela Lei de Liberdade Econômica (Lei n. 13.874/2019), com

319 SÃO PAULO. TJSP, 2ª Câmara Reservada ao Meio Ambiente, AI n. 2164167-10.2017.8.26.0000. Rel. Des. Paulo Alcides. DJe. 19/10/2017.

acréscimos importantes no tocante à desconsideração da personalidade jurídica, com o intuito de valorizar a autonomia patrimonial das sociedades limitadas.

Em virtude da relevância que a Lei de Liberdade Econômica teve em relação ao tema objeto desta obra, as considerações ligadas ao Direito Civil serão objeto de melhor análise no próximo capítulo juntamente com os reflexos da nova lei. Os comentários que se seguem, conforme estavam no trabalho apresentado no mestrado, ficarão aqui mantidos como registro da situação relacionada ao art. 50 do Código Civil antes da Lei n. 13.874/2019.

Embora já se usasse a *disregard doctrine* para justificar a atribuição aos sócios das dívidas da sociedade, o Código Civil de 2002 estabeleceu, no art. 50, que:

> Em caso de abuso da personalidade jurídica, caracterizado pelo desvio de finalidade, ou pela confusão patrimonial, pode o juiz decidir, a requerimento da parte, ou do Ministério Público quando lhe couber intervir no processo, que os efeitos de certas e determinadas relações de obrigações sejam estendidos aos bens particulares dos administradores ou sócios da pessoa jurídica.

O Código Civil permitiu a desconsideração da personalidade jurídica em casos de abuso caracterizado pelo desvio de finalidade ou confusão patrimonial. A prática dos tribunais, contudo, em desprestígio ao princípio da autonomia patrimonial, não raro a determinavam pela simples inexistência de bens.[320]

---

320 Ressalte-se, contudo, que, atualmente, a Justiça Comum considerado necessária a comprovação da ocorrência dos requisitos legais para aplicação do instituto da desconsideração, quando não estão envolvidos os credores não negociais. Nesse sentido: "Cobrança. Cumprimento de sentença. Desconsideração da personalidade jurídica. Indeferimento. Ausência dos requisitos legais. Necessidade de comprovação de abuso, caracterizado pela ocorrência de desvio de finalidade social ou confusão patrimonial. Exegese do art. 50 do CC/2002. Recurso não provido". (TJSP. AI n. 667.552-4/8. 5ª Câmara de Direito Privado. Rel. Des. Erickson Gavazza Marques, j. 16.12.2009). GALLO, Giovanna Mazetto; CRUZ, Pedro

A respeito de não ser a insolvência, por si mesma, motivo para a desconsideração da personalidade jurídica, Ana Frazão lembrava com muita propriedade:

> ...não há que se confundir insolvência com abuso da utilização da pessoa jurídica. A insolvência, por si só, pode resultar simplesmente do insucesso da atividade empresarial, fenômeno para o qual a ordem jurídica apresenta soluções específicas, tais como a falência.[321]

A análise em relação aos casos de desconsideração da personalidade jurídica ou de responsabilidade legal dos sócios confirmavam o fato de que, ao longo do tempo, valorizaram-se os princípios protetivos de outros ramos do Direito frente ao da autonomia patrimonial e da limitação de responsabilidade dos sócios, próprias do Direito Comercial, inclusive no Direito Civil que possuía regra clara quanto aos requisitos para a desconsideração.

Cumpre ressaltar que, conforme entendimento doutrinário majoritário, as leis específicas permaneceram em vigor mesmo após a vigência do novo Código Civil que trata da aplicação da desconsideração da personalidade jurídica.[322] Nessa linha foi a redação do Enunciado n. 51 da Jornada de Direito Civil promovida pelo Conselho da Justiça Federal acerca da desconsideração da personalidade jurídica: "a teoria

---

Santos. "Princípio da separação patrimonial. Desconsideração da personalidade jurídica. Observância aos requisitos do art. 50 do CC/2002. Comentários ao AgIn 667.552-4/8-00 do TJSP". *Revista de Direito Bancário e do Mercado de Capitais*. a. 13, n. 50, out-dez/2010, pp. 276-284.

321 FRAZÃO, Ana. "Desconsideração da personalidade jurídica e tutela de credores". *In:* COELHO, Fábio Ulhoa; RIBEIRO, Maria de Fátima (Coord.). *Questões de Direito Societário em Portugal e no Brasil*. Coimbra: Almedina, 2012, p. 496.

322 NUNES, Simone Lahorgue; BIANQUI, Pedro Henrique Torres. "A desconsideração da personalidade jurídica: considerações sobre a origem do princípio, sua positivação e a aplicação no Brasil". *In*: FRANÇA, Erasmo Valladão Azevedo e Novaes (Coord.). *Direito Societário contemporâneo I*. São Paulo: Quartier Latin, 2009, pp. 323/324.

da desconsideração da personalidade jurídica – *disregard doctrine* – fica positivada no novo Código Civil, mantidos os parâmetros existentes nos microssistemas legais e na construção jurídica sobre o tema".[323]

Fábio Ulhoa Coelho sempre afirmou que a disciplina da responsabilidade dos sócios é insatisfatória e que os sócios da limitada deveriam ser tratados de modo distinto e de acordo com o interesse que os vinculam à sociedade. Dessa forma, para ele, os sócios majoritários que podem interferir na administração da sociedade empresária devem responder de maneira ilimitada diante de credores não negociais. Os sócios minoritários, por sua vez, manteriam sua responsabilidade limitada como regra.[324]

Ensina, também, Fábio Ulhoa Coelho que é uma impropriedade referir-se à teoria menor da desconsideração da personalidade jurídica para proteger os consumidores, o meio ambiente e os empregados, pois, nesses e nos demais casos envolvendo direito à indenização, o correto seria a responsabilidade ilimitada dos sócios majoritários, sem menção à desconsideração da personalidade jurídica.[325]

Contudo, o autor[326] ressalva que o Direito brasileiro tutela de maneira adequada apenas o credor tributário (o Fisco) e o INSS, autarquia federal vinculada ao Ministério da Previdência Social. Isso porque previu a possibilidade de responsabilizar pessoalmente os sócios com relação aos créditos tributários e aos créditos da Seguridade Social. Nos demais casos, porém, não se poderia falar em responsabilidade ilimitada dos sócios diante da ausência de previsão legal e, havendo outros

---

323 AGUIAR JÚNIOR, Ruy Rosado (Coord.). *Jornadas de Direito Civil I, III, IV e V*: enunciados aprovados. Brasília: Conselho da Justiça Federal, Centro de Estudos Judiciários, 2012.

324 COELHO, Fábio Ulhoa. *Curso de Direito Empresarial*: Teoria Geral e Direito Societário. vol. 1, 6ª Ed. São Paulo: Atlas, 2014, p. 439.

325 COELHO, Fábio Ulhoa. *Curso de Direito Empresarial*: Teoria Geral e Direito Societário. vol. 1, 6ª Ed. São Paulo: Atlas, 2014, p. 439.

326 COELHO, Fábio Ulhoa. *Curso de Direito Empresarial*: Teoria Geral e Direito Societário. vol. 1, 6ª ed. São Paulo: Atlas, 2014, p. 439.

créditos não negociais fora os tributários e os previdenciários, os sócios apenas poderiam ser responsabilizados por meio de desconsideração da personalidade jurídica se preenchidos os requisitos para tanto, tal como com relação aos credores negociais.

Nesse sentido, afirma Ulhoa que "enquanto não aperfeiçoado o ireito ositivo, será ineficaz qualquer argumentação no sentido de restringir a separação patrimonial entre sócio e sociedade".[327] Ou seja, enquanto não houver disposição legal expressa de que a responsabilidade dos sócios será pessoal em cada caso envolvendo os credores não negociais, deve-se privilegiar a responsabilidade limitada dos sócios, desconsiderando a personalidade jurídica apenas se presentes os requisitos legais.

Ana Frazão assevera que:

> o Direito brasileiro deveria evoluir para uma solução menos drástica, que pudesse tornar a desconsideração mais efetiva em relação aos credores dignos de proteção especial, mas que preservasse minimamente o sentido da personalidade jurídica, inclusive naquilo em que esta protege o investimento produtivo e os interesses gerais dos consumidores.[328]

Em sentido amplo, não é equivocado afirmar, por força do prestígio de outros ramos do Direito em relação ao Direito Comercial, através da desconsideração da personalidade jurídica, que a responsabilidade dos sócios na sociedade limitada, em vez de limitada ao capital social subscrito, é, na prática, quase ilimitada.

---

327 COELHO, Fábio Ulhoa. *Curso de Direito Empresarial*: Teoria Geral e Direito Societário. vol. 1, 6ª Ed. São Paulo: Atlas, 2014, p. 440.

328 FRAZÃO, Ana. "Desconsideração da personalidade jurídica e tutela de credores". *In:* COELHO, Fábio Ulhoa; RIBEIRO, Maria de Fátima (Coord.). *Questões de Direito Societário em Portugal e no Brasil*. Coimbra: Almedina, 2012, p. 495.

CAPÍTULO IV

A LEI DE LIBERDADE ECONÔMICA E SEUS REFLEXOS NA AUTONOMIA E NA DESCONSIDERAÇÃO DA PERSONALIDADE JURÍDICA

A inclusão deste capítulo no texto original da dissertação de mestrado não se destina ao estudo aprofundado de todos os aspectos da LLE, mas, de forma mais direcionada, se ela influenciou no tema principal relacionado ao confronto entre a autonomia patrimonial das sociedades limitadas e as hipóteses excepcionais de desconsideração da personalidade jurídica.

A introdução sobre a sua origem, a discussão havida sobre a sua constitucionalidade e os principais pontos de incidência nos vários ramos do Direito são indispensáveis para as conclusões de ter havido ou não o fortalecimento da atividade econômica empresarial e, por conseguinte, se o que foi introduzido na legislação comentada acerca da desconsideração da personalidade jurídica fortaleceu, por via transversa, a autonomia patrimonial das sociedades limitadas.

A liberdade econômica é um tema bastante sensível, seja em termos sociais, seja em termos econômicos. Essa sensibilidade se justifica não só pela amplitude que possui no âmbito da economia interna de cada país, mas em especial porque sabemos que a economia das últimas décadas se tornou globalizada, do que decorre a participação da grande maioria de países e dos investimentos que os investidores internacionais resolvem realizar em outras terras.

Foram muitas as discussões a respeito da abordagem do tema quando da preparação da LLE, sem consenso tranquilo acerca da sua necessidade. E, em boa medida, isso se deveu à formação política dos doutrinadores, valendo lembrar que ela foi editada sob a grande divisão política oriunda das eleições de 2018. Essa origem política, ainda que não ideal por passar distante do equilíbrio, continua com a vantagem da liberdade de expressão e crítica e acrescenta argumentos de ambos os lados sobre legislação que, do prisma da economia e dos investimentos estrangeiros, é relevante.

Nesse contexto, não se pode negar a importância do estudo da direção tomada pelo país sobre a liberdade econômica, em especial os seus princípios, parâmetros e abrangências. Em sendo um país reconhecidamente em desenvolvimento, dependente dos investimentos internacionais, em particular os que são feitos através das aquisições acionárias de sociedades, era importante fornecer ao mercado global, do modo mais claro possível – ainda que em tese – o caminho legal que se pretende alcançar no que tange à segurança dos investidores nacionais e estrangeiros.

Houve, partindo dessa premissa de necessidade, muita discussão em outras propostas de legislação a respeito, com o intuito de atrair investimentos na economia globalizada.

Fruto dessas discussões, após muitos debates e emendas, sobreveio, em 20 de setembro de 2019, a conversão da Medida Provisória n. 881 na Lei de Liberdade Econômica (Lei n. 13.874). A ideia foi a de sinalizar ao mercado mundial o modo como o Brasil verificava a segurança dos investidores, particularmente quanto à inclusão no ordenamento jurídico de instrumento que aproximasse melhor as limitações de natureza jurídica à realidade econômica. Em especial, concedendo aos empresários investidores uma norma mais visível e facilitadora do desenvolvimento da sua atividade quando da interpretação dos litígios naturais das empresas.

A lei alterou importantes institutos do ordenamento jurídico pátrio e introduziu ideias como a limitação da regulação pelo Estado, a flexibilização para se regularizar um negócio, entre outros, destacando-se, aqui, a delimitação das situações passíveis de permitir a desconsideração da personalidade jurídica, o que, por ser exceção, tende a fortalecer o princípio da autonomia patrimonial.

A inclusão do estudo da Lei de Liberdade Econômica (Lei n. 13.874/2019) neste trabalho que confronta a autonomia patrimonial e a exceção da desconsideração da personalidade jurídica, como dito, tem a finalidade de verificar as principais alterações ocorridas e sua eventual influência no fortalecimento da atividade econômica e na vida empresarial.

4.1 A origem e A finalidade da Lei n. 13.874/2019, convertida da MP 881/2019

A Medida Provisória n. 881, editada em abril de 2019, foi aprovada pelo Congresso Nacional e publicada em 20 de setembro de 2019, com 5 vetos e mais de 300 emendas. A MP 881 converteu-se na Lei n. 13.784/19, também enunciada como a Declaração de Liberdade Econômica, ou, apenas, Lei da Liberdade Econômica (LLE), implementando e alterando institutos jurídicos para garantir maior liberdade e transparência quanto ao percurso desejado para a ordem econômica.

É perceptível, de pronto, que a liberdade econômica resguardada pela LLE objetivou a garantia de maior segurança e discricionariedade contratual às partes em suas relações privadas. A sua redação reafirma os princípios clássicos do Direito Privado, como, por exemplo, a autonomia da vontade em negócios jurídicos empresariais e civis em que as partes envolvidas são paritárias, diminuindo, para tanto, o poder de intervenção estatal.

As alterações e disposições propostas pela Lei de Liberdade Econômica foram substanciais. Aprovada num contexto que busca incentivar a livre-iniciativa e conter a regulação estatal das atividades econômicas, tenta alcançar a dinamicidade do mercado interno e global e criar um ambiente de negócios mais próximo ao dos países desenvolvidos.

Por essa razão, a LLE possui três eixos, como bem aponta o ministro Ricardo Villas Bôas Cueva, na apresentação da obra coletiva que coordenou juntamente com o ministro Luis Felipe Salomão e a professora Ana Frazão:[329]

> i) criar norma geral de ireito conômico; ii) promover alterações em institutos de ireito rivado, especialmente a desconsideração da personalidade jurídica, a função social do contrato, os contratos interempresariais e os fundos de investimento; iii) no ireito úblico introduz a análise de impacto regulatório e modifica importantes normas trabalhistas.

Na mesma obra, o ministro Ricardo Cueva faz uma breve e elucidativa comparação com a evolução da ordem econômica e intervenção estatal nos Estados Unidos da América, França e Alemanha.[330] E assenta que, no Brasil, há três perspectivas sobre a ordem econômica constitucional: uma "que o Estado corresponde ao modelo social dirigente", outra que "prevalecem na ordem econômica os valores de um modelo liberal" e uma terceira em que se sustenta "que a Constituição é politicamente neutra quanto aos rumos da economia".[331]

---

329 SALOMÃO, Luis Felipe; CUEVA, Ricardo Villas Bôas; FRAZÃO, Ana (Coord.). *Lei de Liberdade Econômica e seus impactos no Direito Brasileiro.* 1ª Ed. São Paulo: Thomson Reuters Brasil, 2020, p. 5.

330 SALOMÃO, Luis Felipe; CUEVA, Ricardo Villas Bôas; FRAZÃO, Ana (Coord.). *Lei de Liberdade Econômica e seus impactos no Direito Brasileiro.* 1ª Ed. São Paulo: Thomson Reuters Brasil, 2020, pp. 8/9.

331 SALOMÃO, Luis Felipe; CUEVA, Ricardo Villas Bôas; FRAZÃO, Ana (Coord.). *Lei de Liberdade Econômica e seus impactos no Direito Brasileiro.* 1ª Ed. São Paulo: Thomson Reuters Brasil, 2020, p. 9

Seja como for, e muito já se escreveu a respeito, é preciso exame cuidadoso do tema, porque a justiça social se relaciona com a liberdade econômica e a liberdade de mercado e, quando ajustada às realidades locais, pode produzir um impacto positivo. A noção de que o capitalismo é totalmente suprimido pelo Estado e deve, por isso, combatê-lo, não é o melhor objetivo. Não há como desenvolver o capitalismo em locais sem nenhuma forma de regulação. O Estado é elemento constitutivo dos mercados e sem regulação não há segurança, tampouco uma forma razoável de viabilizar os investimentos que compõem a economia como um todo.

O Brasil possui mais de 19 milhões de empresas ativas[332] e a maior parte é composta por micro e pequenas empresas. Em especial nesse cenário é que produziriam efeitos uma das principais motivações para a criação da LLE: desburocratizar os procedimentos empresariais para facilitar a vida do pequeno empreendedor brasileiro.

Proteger os interesses do pequeno empresário brasileiro justificar-se-ia pelo famoso "Custo Brasil",[333] denominação genérica atribuída aos diversos processos burocráticos que o empreendedor precisa se submeter para, depois, desenvolver regularmente a sua atividade empresarial. A dificuldade da burocracia gera custo de tempo e dinheiro, desencorajando muitos empreendedores do mercado interno, especialmente as micro e pequenas empresas.

Na esperança da desburocratização e mitigação que influenciam o "Custo Brasil" a lei alterou, por exemplo, as disposições para a

---

332 BRASIL. Painel Mapa de Empresas. Disponível em https://www.gov.br/governodigital/pt-br/mapa-de-empresas/painel-mapa-de-empresas. Acesso em 21 abr. 2021.

333 YEUNG, Luciana. "L. Friedrich Hayek, Liberdade Econômica, a MP e a Lei da Liberdade Econômica: Por que é necessária?". *In*: SALOMÃO, Luis Felipe; CUEVA, Ricardo Villas Bôas; FRAZÃO, Ana (Coord.). *Lei de Liberdade Econômica e seus impactos no Direito Brasileiro*. 1ª Ed. São Paulo: Thomson Reuters Brasil, 2020, p. 87.

abertura de negócios; pela redação do art. 1º, § 6º,[334] foram ampliadas as possibilidades de formalizar a abertura de negócios.

Além disso, em seu art. 3º, inciso IX,[335] a LLE trouxe também a exigência de se reduzir o tempo de análise para se manifestar sobre a proposição de um negócio, sob pena de autorização tácita, criando, ainda, um comitê para simplificação dos negócios no Brasil (art. 3º, § 1º, inciso II[336]).

Tudo isso para fomentar o desenvolvimento no país. Como bem aponta Ana Frazão:[337]

---

334 Art. 1º, § 6º da Lei n. 13.874/2019: "*Para fins do disposto nesta Lei, consideram-se atos públicos de liberação a licença, a autorização, a concessão, a inscrição, a permissão, o alvará, o cadastro, o credenciamento, o estudo, o plano, o registro e os demais atos exigidos, sob qualquer denominação, por órgão ou entidade da administração pública na aplicação de legislação, como condição para o exercício de atividade econômica, inclusive o início, a continuação e o fim para a instalação, a construção, a operação, a produção, o funcionamento, o uso, o exercício ou a realização, no âmbito público ou privado, de atividade, serviço, estabelecimento, profissão, instalação, operação, produto, equipamento, veículo, edificação e outros*". (BRASIL. Lei n. 13.874, de 20 de setembro de 2019 institui a Declaração de Direitos de Liberdade Econômica. Disponível em: http://www.planalto.gov.br/ccivil_03/_ato2019-2022/2019/lei/L13874.htm. Acesso em 21 abr. 2021).

335 Art. 3º, inciso IX, da Lei n. 13.874/2019: "*ter a garantia de que, nas solicitações de atos públicos de liberação da atividade econômica que se sujeitam ao disposto nesta Lei, apresentados todos os elementos necessários à instrução do processo, o particular será cientificado expressa e imediatamente do prazo máximo estipulado para a análise de seu pedido e de que, transcorrido o prazo fixado, o silêncio da autoridade competente importará aprovação tácita para todos os efeitos, ressalvadas as hipóteses expressamente vedadas em lei*". (BRASIL. Lei n. 13.874, de 20 de setembro de 2019 institui a Declaração de Direitos de Liberdade Econômica. Disponível em: http://www.planalto.gov.br/ccivil_03/_ato2019-2022/2019/lei/L13874.htm. Acesso em 21 abr. 2021).

336 Art. 3º, inciso II, da Lei n. 13.874/2019: "*na hipótese de ausência de ato do Poder Executivo federal de que trata o inciso I deste parágrafo, será aplicada resolução do Comitê para Gestão da Rede Nacional para a Simplificação do Registro e da Legalização de Empresas e Negócios (CGSIM), independentemente da aderência do ente federativo à Rede Nacional para a Simplificação do Registro e da Legalização de Empresas e Negócios (Redesim).*" (BRASIL. Lei n. 13.874, de 20 de setembro de 2019. Institui a Declaração de Direitos de Liberdade Econômica. Disponível em: http://www.planalto.gov.br/ccivil_03/_ato2019-2022/2019/lei/L13874.htm. Acesso em 21 abr. 2021).

337 SALOMÃO, Luis Felipe; CUEVA, Ricardo Villas Bôas; FRAZÃO, Ana. *Lei de Liberdade Econômica e seus impactos no Direito Brasileiro*, 1ª Ed. São Paulo, 2020, p. 113.

> O Brasil não pode continuar a ter um capitalismo sem risco, sem concorrência e dependente de favores estatais, havendo verdadeiro consenso em relação ao fato de que é necessário desburocratizar e destravar a economia, bem como prestigiar o empreendedorismo.

A burocratização impede o crescimento econômico histórico em todos os países e gera um impacto direto na competitividade do Brasil, dificultando os investimentos e a atividade produtiva nacional e estrangeira.

As empresas estrangeiras que poderiam investir no país[338] acabam não o fazendo, optando por direcionar seus investimentos a outros países, fato que poderia alterar a realidade da economia brasileira. A ideia se sustenta na lógica de Coase,[339] em que os "custos de transação altos são impeditivos da maximização de ganhos e bem-estar em uma sociedade".

Detectada que essa é uma das razões das dificuldades pelas quais passa o crescimento econômico do Brasil, foi grande a mobilização legislativa em torno da criação de um ambiente mais propício às atividades empreendedoras, nacionais ou estrangeiras, pensando, sobretudo, na maioria do empresariado formada pelo micro e pequeno empresário brasileiro.

---

338 O Banco Mundial anualmente classifica as nações em vários índices, como o tempo de abertura de um negócio, a burocratização, a quantidade de taxas e impostos, entre outros. No ano de 2020, o Brasil ocupa a posição 124, que é bem baixa em comparação aos países que detêm as maiores economias do mundo, sendo que o Brasil por muitos anos figurou entre as 10 maiores economias. (WORLD BANK GROUP. *Doing Business in 2020*: economy profile of Brazil. Disponível em: https://www.doingbusiness.org/content/dam/doingBusiness/country/b/brazil/BRA.pdf. Acesso em 30 nov. 2020).

339 Coase concebe que a negociação privada poderia resolver problemas sociais, mas para que isso aconteça, exige-se um mercado eficiente e competitivo, em que os direitos de propriedade sejam bem definidos e os custos de transação sejam baixos. O teorema de Coase é aplicado quando há problemas que tenham externalidades (COASE, Ronald H. "O problema do Custo Social". *The Journal of Law & Economics*. vol. 3, out. 1960. Trad. ALVES, Francisco Kümmel F. COAVILLA, Renato Vieira. Disponível em: https://edisciplinas.usp.br/pluginfile.php/3806050/mod_resource/content/1/custosocial.pdf. Acesso em 21 abr. 2021).

4.2 A constitucionalidade da LLE e as críticas doutrinárias

O debate sobre a constitucionalidade da então Declaração dos Direitos de Liberdade Econômica teve início já na publicação da Medida Provisória n. 881, em 30 de abril de 2019. Foram levantadas questões acerca da suposta inconstitucionalidade formal, e algumas outras de natureza material. A discussão de maior destaque foi a inconstitucionalidade da medida provisória diante do caráter social da Constituição Federal de 1988.

Gilberto Bercovici e Diogo R. Coutinho entendem que a medida provisória teve como objetivo instituir parâmetros hermenêuticos obrigatórios da Constituição, estabelecendo o chamado "princípio da subsidiariedade" e restringindo a atuação do Estado na esfera econômica somente aos casos de desinteresse ou ineficiência da iniciativa privada. Nesse contexto, haveria deturpação das previsões e fins constitucionais de modo a forçar a adoção de um modelo econômico neoliberal.[340]

Segundo Bercovici, a Constituição de 1988 não entende a livre-iniciativa como um direito fundamental, mas sim como uma garantia constitucional de liberdade pública. Dessa forma, a Constituição prevê meros limites à atuação da Administração Pública na organização da economia ante a ausência de previsão legal expressa, de modo a permitir aos particulares a faculdade de criar ou explorar, sem entraves justificáveis, um empreendimento econômico.

Assim, a livre-iniciativa seria valor social basilar da República e da ordem econômica constitucional vigente, sendo impossível a dissociação

---

340 BERCOVICI, Gilberto. "As inconstitucionalidades da 'Lei da Liberdade Econômica' (Lei n. 13.874, de 20 de setembro de 2019)".."". *In*: SALOMÃO, Luis Felipe; CUEVA, Ricardo Villas Bôas; FRAZÃO, Ana (Coord.). *Lei de Liberdade Econômica e seus impactos no Direito Brasileiro*. 1ª Ed. São Paulo: Thomson Reuters Brasil, 2020, pp. 130-133; COUTINHO, Diogo R. "A Mão Invisível e a Faca no Pescoço: considerações sobre o 'Abuso de Poder Regulatório' na Lei 13.874/2019". *In*: SALOMÃO, Luis Felipe; CUEVA, Ricardo Villas Bôas; FRAZÃO, Ana (Coord.). *Lei de Liberdade Econômica e seus impactos no Direito Brasileiro*. São Paulo: Thomson Reuters Brasil, 2020, pp. 169/170.

dos interesses econômicos gerais, com preferência aos setores tradicionalmente em desvantagem (como trabalhadores, pequenos proprietários, pequenos empresários, cooperados etc.) nos confrontos econômicos com grupos mais privilegiados. Consequentemente, "o valor social da livre-iniciativa condiciona os detentores de privilégios e poder econômico à conformidade com o interesse coletivo, legitimando a atuação do Estado na execução das diretrizes constitucionais".[341]

Coutinho complementa essa análise apontando que a Constituição atribui ao Estado brasileiro um papel-chave no desenho jurídico e institucional da econômica, o que justifica a criação de diversos órgãos e instancias reguladoras. Nesse contexto, a Lei n.13.874/2019 representa, em nome do que ele entende ser uma ideologia "*laissez-faire*", uma ameaça ao arcabouço institucional brasileiro, que sustenta a eficiência governamental e a própria legitimidade democrática. Para o jurista, a Declaração de Direitos da Liberdade Econômica confunde regulamentação com burocracia, abrindo brechas para que, eventualmente, juízes declarem normas reguladoras abusivas nos termos do artigo 4° da Lei n. 13.874/2019, prejudicando ainda mais a econômica brasileira.[342]

Essa corrente defende que a medida provisória estaria favorecendo a liberdade de indústria e de comércio em detrimento da liberdade contratual, a liberdade de trabalho, a liberdade de associação, a liberdade de inversão e a liberdade de organização do processo produtivo, afastando a prática econômica dos objetivos finais do Estado.[343]

---

341 BERCOVICI, Gilberto. "As inconstitucionalidades da 'Lei da Liberdade Econômica' (Lei n. 13.874, de 20 de setembro de 2019) *In*: SALOMÃO, Luis Felipe; CUEVA, Ricardo Villas Bôas; FRAZÃO, Ana (Coord.). *Lei de Liberdade Econômica e seus impactos no Direito Brasileiro.* 1ª Ed. São Paulo: Thomson Reuters Brasil, 2020, p. 126.

342 COUTINHO, Diogo R. "A Mão Invisível e a Faca no Pescoço: considerações sobre o 'Abuso de Poder Regulatório' na Lei 13.874/2019". *In*: SALOMÃO, Luis Felipe; CUEVA, Ricardo Villas Bôas; FRAZÃO, Ana (Coord.). *Lei de Liberdade Econômica e seus impactos no Direito Brasileiro.* São Paulo: Thomson Reuters Brasil, 2020, p. 170.

343 BERCOVICI, Gilberto. "As inconstitucionalidades da 'Lei da Liberdade Econômica' (Lei n. 13.874, de 20 de setembro de 2019) *In*: SALOMÃO, Luis Felipe;

Em contraposição aos juristas que identificam no movimento de intervenção estatal na economia um caráter finalístico para as normas de Direito Econômico, há outra corrente que defende a abertura ideológica das normas constitucionais, que ultimamente são preenchidas pelo próprio ordenamento jurídico. Nesse sentido, a Declaração dos Direitos da Liberdade Econômica estariam em conformidade com as normas constitucionais, concretizando o princípio da livre inciativa e potencializando o desenvolvimento econômico.

A incompreensão da conformidade entre a Declaração dos Direitos da Liberdade Econômica e o texto da Constituição de 1988 remonta à falta de compreensão pelos juristas quanto a inter-relação entre as normas jurídicas e a economia. Segundo Fernando Hellen Aguillar, há muitos mitos sendo perpetrados sobre os acontecimentos do século XX que comprometem a interpretação do Direito Econômico.

Quanto à "evolução" do sistema econômico constitucional, dissemina-se uma narrativa corrente de superação do Estado Liberal, no início do século XX, por sua ineficiência em proporcionar desenvolvimento econômico, em favor de um modelo de Estado Social, que ao submeter a autonomia privada à vontade dos poderes públicos, teria atingido esse fim. Contudo, segundo o autor, a narrativa não se sustenta porque a ação do Estado no modo de produção capitalista "oscila historicamente como um pêndulo, entre a sua atividade mais intensa e a sua retração, privilegiando-se ora o intervencionismo, ora a liberdade de iniciativa".[344]

André Cyrino defende que a Constituição de 1988 atribuiu ao Estado, em última instância, um papel de protagonista na economia. Contudo, já em 1990, o compromisso originário se alterou por modificações introduzidas ao texto que afastaram o Estado da atuação na

CUEVA, Ricardo Villas Bôas; FRAZÃO, Ana (Coord.). *Lei de Liberdade Econômica e seus impactos no Direito Brasileiro.* 1ª ed. São Paulo: Thomson Reuters Brasil, 2020, p. 127.

344 AGUILLAR, Fernando Herren. *Direito Econômico.* 3ª. Ed. São Paulo: Atlas, 2012, p. 5.

economia.[345] Amanda Flávio de Oliveira anota que, mesmo os autores que defendem uma ideologia econômica constitucional identificável, ou ao menos um projeto econômico nela definido, revelam dificuldade em classificá-lo em algum sistema econômico específico ou puro.[346]

Nesse sentido, reforça Fábio Nusdeo que a Constituição de 1988 apresenta sistema "dual" ou "misto", que não explicita a fronteira entre o setor público e o privado, entre a decisão institucional e a de mercado, sendo ela "movediça, mal definida e conturbada",[347] o que permite a conclusão de que a Constituição estabelece que os órgãos democraticamente eleitos definam as ações necessárias ao desenvolvimento e regulação econômica, mas sem, de fato, estabelecer um programa único e imutável.[348]

Ademais, Amanda Flávio de Oliveira desmistifica a ideia de que um Estado liberal é despreocupado e descompromissado com o bem-estar social. Como resultado da Revolução Francesa, surgiu uma concepção de Estado que dissociava atividade econômica de política, com ênfase e protagonismo à liberdade individual, corolário das liberdades econômicas. Contudo, as Constituições posteriores que optaram por incorporar esse modelo econômico tinham em seu bojo regras que disciplinavam a atividade econômica. A concepção de Estado ausente foi sendo dilapidada, historicamente, ao passo que

---

345 CYRINO, André. *Direito Constitucional Regulatório*. 2ª. Ed. Rio de Janeiro: Processo, 2018, p. 116.

346 OLIVEIRA, Amanda Flávio. "Lei de Liberdade Econômica: apontamentos acerca da constitucionalidade da Lei n. 13.874/2019". *In*: SALOMÃO, Luis Felipe; CUEVA, Ricardo Villas Bôas; FRAZÃO, Ana (Coord.) *Lei de Liberdade Econômica e seus impactos no Direito Brasileiro*. 1ª Ed. São Paulo: Thomson Reuters Brasil, 2020, p. 188.

347 NUSDEO, Fábio. *Curso de Economia*. Introdução ao Direito Econômico. 2ª Ed. São Paulo: Revista dos Tribunais, 2000, p. 129.

348 CYRINO, André. "A Constituição Econômica e a Lei n 13.874/2019". *In*: SALOMÃO, Luis Felipe; CUEVA, Ricardo Villas Bôas; FRAZÃO, Ana. (Coord.). *Lei de Liberdade Econômica e seus impactos no Direito Brasileiro*, 1ª Ed. São Paulo: Thomson Reuters Brasil, 2020, p. 198.

a participação Estatal foi, gradativamente, retornando em setores específicos da econômica.[349]

Amanda Flávio de Oliveira também desconstrói o mito da preferência por uma geração de direitos na consagração constitucional de direitos fundamentais. A proposta de categorização dos direitos humanos em "gerações" ou "dimensões", acabou por criar uma noção de hierarquia entre os direitos conquistados historicamente. Assim, a primeira geração de direitos, a "geração dos direitos individuais", teriam sido incapazes de atender aos anseios sociais, o que teria conduzido à consagração de direitos de "segunda geração", os "direitos sociais".[350]

Para a autora, o "desserviço" classificatório das gerações de direitos fundamentais abre espaço para que fundamentalistas imprimam suas aspirações ideológicas no texto constitucional. Contudo, essa hierarquia inexiste no geral, menos ainda na Carta de 1988. Não há prevalência *a priori* de valores sociais na construção da liberdade, nem especificamente o valor social do trabalho como precedente à liberdade econômica. Em complemento a essa ideia, Cyrano explica que:

> Excesso de dirigismo social implica escaviamento da liberdade, por incremento do intervencionismo. Exagero na noção de decisionismo liberal implica em graves efeitos colateriais aos mais fracos e desigualdade. (...) Não se constata tal demasia, de forma genérica, na LLE.[351]

---

349 OLIVEIRA, Amanda Flávio. "Lei de Liberdade Econômica: apontamentos acerca da constitucionalidade da Lei n. 13.874/2019". *In*: SALOMÃO, Luis Felipe; CUEVA, Ricardo Villas Bôas; FRAZÃO, Ana (Coord.) *Lei de Liberdade Econômica e seus impactos no Direito Brasileiro.* 1ª Ed. São Paulo: Thomson Reuters Brasil, 2020, p. 183.

350 OLIVEIRA, Amanda Flávio. "Lei de Liberdade Econômica: apontamentos acerca da constitucionalidade da Lei n. 13.874/2019". *In*: SALOMÃO, Luis Felipe; CUEVA, Ricardo Villas Bôas; FRAZÃO, Ana (Coord.) *Lei de Liberdade Econômica e seus impactos no Direito Brasileiro.* 1ª Ed. São Paulo: Thomson Reuters Brasil, 2020, pp. 189/190.

351 CYRINO, André. "A Constituição Econômica e a Lei n· 13.874/2019". *In*: SALOMÃO, Luis Felipe; CUEVA, Ricardo Villas Bôas; FRAZÃO, Ana. (Coord.).

Dessa feita, pode-se identificar que a forte resistência quanto à Declaração de Direitos da Liberdade Econômica tem fundamento na concepção de liberdade econômica privada. É o caso, principalmente, dos dispositivos: (i) artigo 1°, caput, que estabelece proteção à livre-iniciativa e ao livre exercício da atividade econômica; (ii) o artigo 2°, que elenca os princípios norteadores da MP, principalmente quanto à intervenção subsidiária, mínima e excepcional do Estado sobre o exercício das atividades econômicas; (iii) artigo 3º, em que se relacionam direitos da liberdade econômica.

Nesse conjunto, é permitido supor que as críticas à LLE se concentram em dois pontos: (i) a norma representaria imposição indevida e inconstitucional de uma nova ordem liberal no país, e (ii) a incorporação da LLE pelo texto constitucional prejudicaria a unidade e a dinâmica da Constituição.[352]

Quanto ao primeiro, o certo é que a Constituição de 1988 não parece ter definido um sistema econômico específico, o que afasta a ideia de se falar em substituição ou imposição indevida de sistema econômico, haja vista que o próprio artigo 174 do Constituição Federal contém a autorização para disciplina da liberdade econômica. No que diz respeito ao segundo ponto, também não identifica a possibilidade de a LLE representar prejuízo à unidade e à dinâmica da Constituição.

Há de se destacar que a edição da LLE não implicará nação liberal ao estilo de *laissez-faire*, pois as novidades normativas não rompem com os mecanismos de controle estatal.[353]

Lei de Liberdade Econômica e seus impactos no Direito Brasileiro, 1ª ed. São Paulo: Thomson Reuters Brasil, 2020, p. 205.

352 OLIVEIRA, Amanda Flávio. "Lei de Liberdade Econômica: Apontamentos Acerca da Constitucionalidade da Lei n. 13.874/2019". *In*: SALOMÃO, Luis Felipe; CUEVA, Ricardo Villas Bôas; FRAZÃO, Ana (Coord.) *Lei de Liberdade Econômica e seus impactos no Direito Brasileiro.* 1ª Ed. São Paulo: Thomson Reuters Brasil, 2020, p. 192.

353 CYRINO, André. "A Constituição Econômica e a Lei n 13.874/2019". *In*: SALOMÃO, Luis Felipe; CUEVA, Ricardo Villas Bôas; FRAZÃO, Ana. (Coord.).

É preciso convir, ainda, que, ignorar simplesmente a necessidade de regulamentar o princípio da liberdade econômica traria em si negligência capaz de desestimular o exercício do empreendedorismo e afugentar os investidores internacionais, encarecendo de modo desnecessário produtos e serviços e dificultando seu acesso pela sociedade. Tudo isso contribuiu, ao longo do tempo, para atrasar o desenvolvimento econômico do país.

Sendo a liberdade econômica fundamento da República e da Ordem Econômica na Constituição de 1988, é incoerente defender que uma lei infraconstitucional que a regule possa revogar ou invalidar os princípios sociais presentes no texto constitucional. Como defende Oliveira: "ela tampouco os nega, ao reafirmar, por exemplo, a incidência de normas de proteção do consumidor e da concorrência nas situações necessárias (art. 3º, § 3º, II)".[354]

Em resumo, as críticas quanto à inconstitucionalidade material da Declaração de Direitos de Liberdade Econômica parecem possuir mais cunho ideológico do que constitucional. Até porque a lei não é antagônica à Constituição de 1988. Ao contrário, obedece-a e a complementa de forma a promover o desenvolvimento econômico do país para a concretização dos demais objetivos que nela estão inscritos.

4.3 Panorama das principais alterações promovidas pela LLE na autonomia patrimonial e na desconsideração da personalidade jurídica

A Lei de Liberdade Econômica, como reconhecido acima, tem por objeto promoção de segurança e previsibilidade jurídicas, de modo

Lei de Liberdade Econômica e seus impactos no Direito Brasileiro, 1ª ed. São Paulo: Thomson Reuters Brasil, 2020, p. 206.

354 CYRINO, André. "A Constituição Econômica e a Lei n· 13.874/2019". *In*: SALOMÃO, Luis Felipe; CUEVA, Ricardo Villas Bôas; FRAZÃO, Ana. (Coord.). *Lei de Liberdade Econômica e seus impactos no Direito Brasileiro*, 1ª Ed. São Paulo: Thomson Reuters Brasil, 2020, p. 191.

a dinamizar e potencializar a atividade econômica brasileira, concretizando, em consequência, as disposições constitucionais.

Para tanto, a lei positiva parâmetros que se encontravam consolidados na doutrina e na jurisprudência, buscando racionalizar a aplicação de diversos institutos jurídico-econômicos. Dessa forma, a LLE traz mais uma compilação de princípios a serem observados na aplicação do ireito, do que um regulamento estrito focado em casos particulares.[355]

Essa dinâmica fica clara especialmente quanto as inovações trazidas pela LLE aos institutos da autonomia patrimonial e da desconsideração da personalidade jurídica. Isso porque a nova redação dos artigos 49-A e 50 do Código Civil, introduzidas pela LLE, buscou estabelecer uma definição técnica do princípio da autonomia patrimonial e resgatar a excepcionalidade da desconsideração da personalidade jurídica por meio da positivação de requisitos para a aplicação do instituto.

Como já mencionado, em especial no segundo capítulo, a teoria da desconsideração da personalidade jurídica foi introduzida ao sistema jurídico brasileiro mediante interpretação fundamentada na figura do abuso de direito. Todavia, a experiência mostrou que, na aplicação, alguns abusos ocorriam e deturpavam a proposta original. Consequentemente, a desconsideração da personalidade jurídica, em vez de ser medida excepcional, passou a ser utilizada indevidamente em diversas situações.

A deturpação do instituto já se encontrava em rota de correção pelo esforço da doutrina e jurisprudência em limitar as hipóteses de desconsideração, mediante instrumentos de hermenêutica integrativa. Os enunciados das Jornadas de Direito Civil do Centro de Estudos Judiciários do Conselho da Justiça Federal e a adoção da teoria menor da desconsideração da personalidade jurídica pelo Superior Tribunal de Justiça permitiram a elaboração de critérios restritivos para a aplicação

---

355 LUCON, Paulo Henrique dos Santos. "Incidente de Desconsideração da Personalidade Jurídica e a Lei de Liberdade Econômica". *In*: SALOMÃO, Luis Felipe; CUEVA, Ricardo Villas Bôas; FRAZÃO, Ana (Coord.). *Lei de Liberdade Econômica e seus impactos no Direito Brasileiro*. 1ª Ed. São Paulo: Thomson Reuters Brasil, 2020, p. 519.

da medida, recuperando a necessidade de comprovação do efetivo abuso da pessoa jurídica. Assim, a LLE não criou regra de hermenêutica, mas tão somente positivou as definições e critérios essenciais previamente elencados pela prática jurídica. [356]

Nesse contexto, o novo artigo 49-A se apresenta muito mais como uma disposição principiológica da autonomia patrimonial. Enquanto o caput traz a definição do instituto no sentido de que: "a pessoa jurídica não se confunde com os seus sócios, associados, instituidores ou administradores", o parágrafo único trata de estabelecer a licitude e interdependência da autonomia patrimonial de pessoas jurídicas e os objetivos constitucionais de "estimular empreendimentos, para geração de empregos, tributo, renda e inovação em benefício de todos".

Ao comentar a redação do art. 49-A, Rodrigo Xavier Leonardo e Otavio Luiz Rodrigues Jr., chamam atenção para a necessidade do emprego de um esforço interpretativo sobre o termo "autonomia patrimonial" trazido pelo caput. Em sentido literal, a autonomia patrimonial residiria na distinção entre o patrimônio das pessoas jurídicas e dos sócios, associados, instituidores ou administradores. Contudo, essa distinção de patrimônio não se confunde com a segregação de riscos, "uma vez que é possível haver autonomia patrimonial (com distinção) sem que haja limitação da responsabilidade".[357] Assim, o dispositivo irradia efeitos para além de figuras jurídicas personificadas.

---

356 LEONARDO, Rodrigo Xavier; RODRIGUES JUNIOR, Otavio Luiz. "A desconsideração da pessoa jurídica: alteração do Art. 50 do Código Civil, Art. 7". *In*: MARQUES NETO, Floriano Peixoto; LEONARDO, Rodrigo Xavier; RODRIGUES JUNIOR, Otavio Luiz. (Coord.). *Comentários à Lei de Liberdade Econômica*: Lei 13.874/2019. São Paulo: Thomson Reuters Brasil, 2019, pp. 274/275.

357 LEONARDO, Rodrigo Xavier; RODRIGUES JUNIOR, Otavio Luiz. "A autonomia da pessoa jurídica: alteração do Art. 49-A do Código Civil, Art. 7°". *In*: MARQUES NETO, Floriano Peixoto; LEONARDO, Rodrigo Xavier; RODRIGUES JUNIOR, Otavio Luiz (Coord.) *Comentários à Lei de Liberdade Econômica*: Lei 13.874/2019. São Paulo: Thomson Reuters Brasil, 2019, p. 260

Também, Leonardo e Rodrigues defendem que o parágrafo único do art. 49-A representa um importante sinal quanto ao fato de que o excesso na utilização da desconsideração desvaloriza muito o conceito de personalidade jurídica, daí a necessidade de uma fundamentação sólida e racional das decisões judiciais e arbitrais que justifiquem o seu uso excepcional.[358]

Nesse sentido, Paulo Henrique dos Santos Lucon defende que o dispositivo legal positiva conceitos que são pressupostos lógico-autorizadores da desconsideração da personalidade jurídica, que "haverá de figurar como importante ponto de partida do raciocínio jurídico a ser desenvolvido nos casos em que se fizer necessário o afastamento do seu corporativo".[359]

Ademais, com a nova redação do artigo 50 do Código Civil, o legislador procurou fixar as hipóteses de desconsideração, que passa a ser possível somente se verificado o abuso da personalidade jurídica através do desvio de finalidade da empresa ou pela confusão patrimonial entre sócio e sociedade. Por isso mesmo que o § 1º descreve o desvio de personalidade como a "utilização da pessoa jurídica com o propósito de lesar credores e para a prática de atos ilícitos de qualquer natureza", ressalvando, no § 5º, que "não constitui desvio de finalidade a mera expansão ou alteração da finalidade original da atividade econômica específica da pessoa jurídica".

O texto inicial da Medida Provisória n. 881 fazia referência expressa ao "dolo" para a caracterização do desvio de finalidade. A redação foi

---

358 LEONARDO, Rodrigo Xavier; RODRIGUES JÚNIOR, Otavio Luiz. "A autonomia da pessoa jurídica: Alteração do Art. 49-A do Código Civil: Art. 7º". *In*: MARQUES NETO, Floriano Peixoto; LEONARDO, Rodrigo Xavier; RODRIGUES JR., Otavio Luiz (Coord.) *Comentários à Lei de Liberdade Econômica*: Lei 13.874/2019. São Paulo: Thomson Reuters Brasil, 2019, pp. 265/266.

359 LUCON, Paulo Henrique dos Santos. "Incidente de desconsideração da personalidade jurídica e a Lei de Liberdade Econômica". *In*: SALOMÃO, Luis Felipe; CUEVA, Ricardo Villas Bôas; FRAZÃO, Ana (Coord.) *Lei de Liberdade Econômica e seus impactos no Direito Brasileiro*. 1ª Ed. São Paulo: Thomson Reuters Brasil, 2020, p. 519.

extremamente criticada pela comunidade jurídica, uma vez que essa escolha legislativa positivaria uma concepção subjetivista da desconsideração da personalidade jurídica, restringindo excessivamente o seu uso. De qualquer forma, ainda tendo constado do texto final apenas o "propósito de lesar credores", o esforço para privilegiar a concepção objetiva do abuso de direito não afastou por completo a exigência de um *animus fraudis* para caracterização do desvio de finalidade.[360]

A questão tem sido objeto de amplo debate. Alguns juristas defendem a ideia de que o sócio ou administrador haveria de agir dolosamente para configurar o desvio de finalidade, uma vez que a aplicação do instituto da desconsideração se trata de *ultima ratio*, ou seja, a gravosidade do instrumento justificaria a subjetividade. Entre eles, Fernando Netto Boiteux, que entende ser a exigência de dolo uma tendência jurisprudencial, confirmada pelo enunciado 7 da I Jornada de Direito Civil, tendo a LLE meramente positivado prática já vigente no ordenamento brasileiro.[361]

A corrente majoritária entende que, sob a perspectiva de preservação da função social da empresa, assim como da proteção da boa-fé, a exigência de que o credor eventualmente lesado comprove o dolo do sócio que cometeu a fraude é "extremamente onerosa e dificilmente cumprida – o que poderia reforçar, portanto, que condutas ímprobas fossem cometidas". [362] De outro modo, haveria o esvaziamento da utilidade do instituto da desconsideração ou sua aplicação dificultada, o que representaria aos sócios

---

360 CASTRO NEVES, José Roberto. "A desconsideração da personalidade jurídica : o avesso do avesso". *In*: SALOMÃO, Luis Felipe; CUEVA, Ricardo Villas Bôas; FRAZÃO, Ana (Coord.). *Lei de Liberdade Econômica e seus impactos no Direito Brasileiro*. 1ª Ed. São Paulo: Thomson Reuters Brasil, 2020, p. 460.

361 BOITEUX, Fernando Netto. "A desconsideração da personalidade jurídica na Lei de Liberdade Econômica". *In*: CUNHA FILHO, Alexandre J. Carneiro. PICCELLI, Roberto Ricomini. MACIEL, Renata Mota (Coord.) *Lei de Liberdade Econômica anotada*: Lei n. 13.847, de 2019. vol. 2, São Paulo: Editora Quartier Latin do Brasil, 2020, p. 160

362 LUCON, Paulo Henrique dos Santos. "Incidente de desconsideração da personalidade jurídica e a Lei de Liberdade Econômica". *In*: SALOMÃO, Luis Felipe; CUEVA, Ricardo Villas Bôas; FRAZÃO, Ana. (Coord.) *Lei de Liberdade*

e administradores garantia de que seu patrimônio permanecerá preservado, mesmo em casos de desvio de finalidade e confusão patrimonial, se o credor não conseguir prová-lo. E a circunstância poderia repercutir negativamente no mercado, contrariando todo o propósito da LLE.[363]

Em via oposta, o esvaziamento da utilidade do instituto ou sua aplicação dificultada pode representar aos sócios e administradores a salvaguarda de que, mesmo em casos de confusão patrimonial ou desvio de finalidade, seu patrimônio permanecerá preservado, expondo os credores a maiores chances de inadimplência, o que, igualmente, repercute de forma negativa em todo o mercado.

O § 2º do artigo 50 detalha a segunda hipótese de abuso da personalidade jurídica que legitimaria sua desconsideração: a confusão patrimonial. Esse instituto alude à "ausência de separação de fato entre os patrimônios dos sócios e da pessoa jurídica" e se encontra exemplificado nos seus respectivos incisos.

O primeiro inciso retrata a situação em que há o reiterado cumprimento, pela pessoa jurídica, de obrigações particulares dos sócios e administradores, a evidenciar a inexistência de separação do patrimônio dessas pessoas. Nessas situações, a sociedade se apresenta como mero instrumento de proteção do interesse dos sócios, e não aquele ente de propósito e personalidade autônomos.

A doutrina critica a adequação do requisito de repetitividade previsto nesse inciso I, visto que existe a possibilidade de constituir-se a violação de finalidade da separação patrimonial mesmo que com a

---

Econômica e seus impactos no Direito Brasileiro. 1ª Ed. São Paulo: Thomson Reuters Brasil, 2020, p. 520.

363 TEPEDINO, Gustavo; CAVALCANTI, Laís. "Notas sobre as alterações promovidas pela Lei n. 13.874/2019 nos artigos 50, 113 e 421 do Código Civil". *In*: SALOMÃO, Luis Felipe; CUEVA, Ricardo Villas Bôas; FRAZÃO, Ana (Coord.) *Lei de Liberdade Econômica e seus impactos no Direito Brasileiro.* 1ª Ed. São Paulo: Thomson Reuters Brasil, 2020, p. 493.

realização de um só ato de confusão patrimonial, especialmente quando os valores envolvidos são altos.[364]

O segundo inciso trata especificamente da transferência de bens entre a pessoa jurídica e seu sócio ou administrador sem a adequada prestação, fato que, por si só, é capaz de comprovar a evasão de ativos em prejuízo dos credores.

O terceiro, por fim, oferece uma regra geral que permite a desconsideração da personalidade jurídica para "outros atos de descumprimento da autonomia patrimonial". Essa construção legislativa recebeu fundadas críticas doutrinárias,[365] haja vista que pode dar ensejo a interpretações dúbias, uma vez que o § 2º do artigo 50 do Código Civil exemplifica duas situações de confusão patrimonial nos incisos I e II, mas, na sequência, traz uma regra geral no inciso III.

A LLE, além de positivar os requisitos legitimadores da desconsideração da personalidade jurídica, também alterou o artigo 50 para, inovando, restringir a legitimidade passiva da desconsideração aos "beneficiados direta ou indiretamente pelo abuso". Assim, doravante, o envolvimento de sócio ou administrador no polo passivo trará também a obrigação de demonstrar que houve proveito deles, direta ou indiretamente, com o uso indevido da pessoa jurídica.

Para Leonardo e Rodrigues Jr., essa escolha do legislador objetivou enfrentar a "relativização da separação patrimonial e de responsabilidade ilimitada que podem atingir indistintamente todos os sócios, associados e instituidores de uma pessoa jurídica". Assim, como no

---

364 FRAZÃO, Ana. "Lei de Liberdade Econômica e seus impactos sobre a desconsideração da personalidade jurídica". *In*: SALOMÃO, Luis Felipe; CUEVA, Ricardo Villas Bôas; FRAZÃO, Ana (Coord.). *Lei de Liberdade Econômica e seus impactos no Direito Brasileiro.* 1ª ed. São Paulo: Thomson Reuters Brasil, 2020, p. 473.

365 FRAZÃO, Ana. "Lei de Liberdade Econômica e seus Impactos sobre a desconsideração da personalidade jurídica". *In*: SALOMÃO, Luis Felipe; CUEVA, Ricardo Villas Bôas; FRAZÃO, Ana (Coord.). *Lei de Liberdade Econômica e seus impactos no Direito Brasileiro.* 1ª Ed. São Paulo: Thomson Reuters Brasil, 2020, p. 485.

Direito estrangeiro, desloca-se o problema para a organização interna da pessoa jurídica. E, havendo diferença entre os beneficiários diretos e indiretos, assim também serão os efeitos da decisão de desconsideração da pessoa jurídica nos moldes do caput do artigo 50. Alertam os autores, contudo, para o risco de a organização interna transferir formalmente os benefícios abusivos para "testas de ferro", o que demandará cuidado investigativo que leve em consideração o efetivo trânsito de riquezas, sob pena de conduzir ao resultado que se tinha antes da LLE.[366]

Para José Roberto Castro Neves,[367] a aplicação acertada do dispositivo consiste na interpretação de forma ampla da expressão "indiretamente", no que concerne ao recebimento de proveitos advindos do abuso da personalidade jurídica. Essa técnica salvaguardaria em especial os sócios minoritários que não tiveram qualquer ingerência sobre o ato irregular, nem dele colheram qualquer proveito. Contudo, a situação dos sócios de maior participação societária e dos administradores é mais delicada, porque eles têm obrigação legal de evitar o uso irregular da pessoa jurídica. Para o jurista, nos casos de gritante uso ilegal da pessoa jurídica, ainda que os sócios ou administradores não tenham experimentado nenhuma vantagem, podem, excepcionalmente, ser chamados a responder por dívidas não pagas da sociedade.

Gustavo Tepedino e Laís Cavalcanti[368] sustentam que o caput do novo artigo 50 deve ser interpretado de forma a permitir a desconsideração da personalidade jurídica em desfavor do sócio ou administrador

---

366 LEONARDO, Rodrigo Xavier. RODRIGUES JUNIOR, Otavio Luiz. "A desconsideração da pessoa jurídica: alteração do Art. 50 do Código Civil, Art. 7º". *In*: MARQUES NETO, Floriano Peixoto. LEONARDO, Rodrigo Xavier. RODRIGUES JUNIOR, Otavio Luiz. (Coord.). *Comentários à Lei de Liberdade Econômica*: Lei 13.874/2019. São Paulo: Thomson Reuters Brasil, 2019, p. 284.

367 CASTRO NEVES, José Roberto. "A desconsideração da personalidade jurídica : o avesso do avesso". *In*: SALOMÃO, Luis Felipe; CUEVA, Ricardo Villas Bôas; FRAZÃO, Ana (Coord.). *Lei de Liberdade Econômica e seus impactos no Direito Brasileiro.* 1ª Ed. São Paulo: Thomson Reuters Brasil, 2020, p. 459.

368 TEPEDINO, Gustavo; CAVALCANTI, Laís. "Notas sobre as alterações promovidas pela Lei n. 13.874/2019 nos artigos 50, 113 e 421 do Código Civil". *In*: SALOMÃO, Luis Felipe; CUEVA, Ricardo Villas Bôas; FRAZÃO, Ana

que participou do ato que deu causa ao abuso da personalidade jurídica, ou que, pela sua omissão quanto aos seus deveres de gestão da sociedade, acabou por propiciar o ato do abuso. Assim, em vez de haver a criação de ônus probatório para a parte prejudicada, privilegiando-se o credor que sofreu com o abuso por quem praticou ou não impediu o ato.

Outra novidade trazida pela LLE está no § 3° do artigo 50 do Código Civil, quando oferece a noção de desconsideração inversa da personalidade jurídica. Inicialmente, após a jurisprudência ter aberto este caminho em precedente do TJSP,[369] a desconsideração inversa foi sacramentada no Enunciado n. 283 da IV Jornada de Direito Civil, assim redigida: "é cabível a desconsideração da personalidade jurídica denominada 'inversa' para alcançar bens do sócio que se valeu da pessoa jurídica para ocultar ou desviar bens pessoais, com prejuízo a terceiros". Posteriormente, o instituto também foi incorporado ao Código de Processo Civil de 2015, através do § 2° do artigo 133.

Forçoso reconhecer que, embora o § 3° apenas tenha confirmado o que há muito havia sido adotado pela doutrina e jurisprudência, a sua positivação pela LLE foi um reconhecimento importante para a segurança jurídica das relações contratuais.

Por sua vez, o § 4° do artigo 50 faz relevante consideração quanto a legitimidade ativa da desconsideração da personalidade jurídica, dessa vez referente à sua aplicação nos casos de aplicação da teoria do grupo econômico. Antes da edição da LLE, a jurisprudência era ambígua quanto à identidade entre a formação de grupos econômicos e mitigação da separação patrimonial. A desconsideração da personalidade jurídica, nesses casos, era utilizada livremente sempre que houvesse

---

(Coord.) *Lei de Liberdade Econômica e seus impactos no Direito Brasileiro.* 1ª Ed. São Paulo: Thomson Reuters Brasil, 2020, p. 492.

369 SÃO PAULO. TJSP, 29ª Câmara de Direito Privado, AG n. 1198103- 0/0, Rel. Des. Pereira Calças. DJe. 10/12/2008.

ilicitude, pois se apresentava como único recurso para alocação de risco e responsabilidade entre controladora e controlada.[370]

Contudo, com o novo dispositivo, a mera existência de grupo econômico não mais autoriza a desconsideração da personalidade jurídica, precisando, obrigatoriamente, da presença dos requisitos de que trata o caput do artigo, ou seja, o desvio de finalidade ou a confusão patrimonial nos moldes expressamente definidos. Assim, o que o legislador fez foi reforçar a ideia de separação patrimonial entre empresas integrantes do mesmo grupo econômico.

O reforço visa a diferenciação da regra aplicável às relações de consumo que, no artigo 28, §§ 2º e 3º, da Lei 8.078/1990, estabelece que "as sociedades integrantes dos grupos societários e as sociedades controladas, são subsidiariamente responsáveis pelas obrigações decorrentes desse código". Dessa forma, nas relações em que não exista natureza de consumo, a nova redação do artigo 50 impõe a obrigação de que se prove o abuso para que sociedades do grupo respondam por obrigações distintas filiadas ou controladas.

Ana Frazão complementa o debate e aponta que, apesar disso, a LLE falhou ao não dispor sobre a responsabilidade direta de controladores por atos das controladas. Isso porque, assim não o tendo feito, manteve o vácuo normativo que permite o uso indiscriminado das controladas sem um sistema efetivo de responsabilização das controladoras. A jurista reconhece que há grandes controvérsias em torno da imposição de uma regra geral e inflexível de responsabilidade de sociedades-mãe pelas dívidas da sociedade-filha, mas adverte que a norma contida no § 4º do artigo 50 pode servir de blindagem às controladoras e deturpação da personalidade jurídica em sentido contrário do que se pretendia tutelar.[371]

---

370 "Lei de Liberdade Econômica e seus impactos sobre a desconsideração da personalidade jurídica". *In*: SALOMÃO, Luis Felipe; CUEVA, Ricardo Villas Bôas; FRAZÃO, Ana (Coord.). *Lei de Liberdade Econômica e seus impactos no Direito Brasileiro*. 1ª Ed. São Paulo: Thomson Reuters Brasil, 2020, p. 482.

371 "Lei de Liberdade Econômica e seus impactos sobre a desconsideração da personalidade jurídica". *In*: SALOMÃO, Luis Felipe; CUEVA, Ricardo Villas Bôas;

Por fim, merece comentário uma última inovação introduzida pela LLE ao Código Civil, no que concerne ao tema da desconsideração da personalidade jurídica. Isso ao incluir no § 5º do artigo 50 do Código Civil que "não constitui desvio de finalidade a mera expansão ou a alteração da finalidade original da atividade econômica específica da pessoa jurídica". Da ressalva questionável em relação à necessidade, pela própria natureza da expansão ou da alteração do ramo de atuação, se servirem para disfarçar atos de comprovado abuso, serão passíveis de permitir a desconsideração da personalidade jurídica.

4.4 A Lei de Liberdade Econômica na jurisprudência dos Tribunais

Conforme visto no capítulo anterior, a LLE trouxe mais a promulgação de conceitos já desenvolvidos e acolhidos pela jurisprudência pátria do que uma verdadeira inovação do Direito brasileiro. Contudo, isso não atrapalha seu potencial transformador. Pelo contrário, a positivação dos princípios e criação de requisitos concretos para a aplicação do instituto da desconsideração da personalidade jurídica agiram de forma a reforçar o ônus probatório positivo do demandante e o ônus argumentativo do juiz que aprecia o pedido de desconsideração.

Mesmo que os precedentes do Superior Tribunal de Justiça[372] já houvessem coibido a aplicação do instituto pela mera invocação do dispositivo legal, foi a nova redação dos artigos 49 e 50 do Código

---

FRAZÃO, Ana (Coord.). *Lei de Liberdade Econômica e seus impactos no Direito Brasileiro.* 1ª Ed. São Paulo: Thomson Reuters Brasil, 2020, p. 483.

372 BRASIL. STJ, Terceira Turma, AgInt no REsp n. 1.678.562/SP, Rel. Min. Paulo de Tarso Sanseverino, DJe. 15/04/2019; BRASIL. STJ, Quarta Turma, AgInt no AgRg no AREsp n. 139.597/RJ, Rel. Min. Marco Buzzi, DJe. 29/08/2018; BRASIL. STJ, Quarta Turma, AgInt no RESp n. 1.585.391/SP, Rel. Min. Luis Felipe Solomão, DJe. 14/11/2017; BRASIL. STJ, Terceira Turma, REsp n. 1.526.287/SP, Rel. Min. Nancy Andrighi, DJe 26/05/2017; BRASIL. STJ, Terceira Turma, AgInt no AREsp n. 1.006.296/SP, Rel. Min. Marco Aurélio Bellizze, DJe 24/02/2017; BRASIL. STJ, Terceira Turma, REsp n. 1.419.256/RJ, Rel. Min. Ricardo Villas Bôas Cueva, Dje 19/02/2015.

Civil, introduzidos pelo artigo 7º da LLE, que de fato impossibilitou o afastamento da autonomia da pessoa jurídica com base em argumentos genéricos e sem provas que demonstrem suficientemente a ocorrência de abuso da personalidade jurídica.[373] Num movimento reflexo à escolha legislativa enunciativa adotada pela LLE, tem-se nos julgados posteriores a sua edição, uma recorrente retomada do princípio da autonomia da personalidade jurídica na própria argumentação da sentença. Tal prática demonstra não só a recepção do ônus argumentativo pelo juiz, como também de uma responsabilidade didática quanto à modelagem do instituto e sua correta aplicação.

Nesse sentido, os acórdãos que enfrentam o tema são veementes em retomar o fato de que não se ter logrado êxito em localizar bens pertencentes a uma empresa executada, sua desativação ou mesmo encerramento irregular não demonstram, por si só, prática de atos fraudulentos com o intuito de fraudar credores. Isso porque tal cenário é apenas indicativo de crise econômico-financeira da empresa, visto que é logico e corriqueiro o fato de que, quando uma empresa vai mal, não há sequer dinheiro para pagar o contador, que deixa de fazer a contabilidade, criando situação de irregularidade.[374] Nesse sentido:

> Agravo de Instrumento – Incidente de desconsideração da personalidade jurídica – Decisão que rejeitou pedido de desconsideração de personalidade jurídica da empresa devedora. – Irresignação – Inadmissibilidade - Não se pode afastar a autonomia da pessoa jurídica, única e exclusivamente, tendo em conta a satisfação dos interesses dos credores. Com efeito, apenas na hipótese de desvirtuamento, seja pela fraude ou abuso de direito, seja pela confusão patrimonial, é que se justifica a desconsideração. A bem da verdade, o que tem se constatado na lida forense é a invocação da desconsideração, sempre que a pessoa jurídica não esteja em condições de satisfação de seus

373 SÃO PAULO. TJSP, 22ª Câmara de Direito Privado, AI n. 2216295-02.2020.8.26.0000. Rel. Campos Mello. DJe. 16/01/2021.

374 SÃO PAULO. TJSP, 21ª Câmara de Direito Privado, AI n. 2195349-09.2020.8.26.0000. Rel. Décio Rodrigues. DJe. 05/10/2020.

> débitos. Sucede, porém, que falta ou ausência de bens não é suficiente para embasamento de desconsideração da personalidade jurídica. Inteligência do art. 50, do CC, com a redação dada pela Lei nº 13.874/2019. Destarte, não havendo nos autos prova séria e concludente da existência de confusão patrimonial, fraude ou abuso, ou formação de grupo econômico, não há que se falar em desconsideração da personalidade jurídica da empresa executada. Inadimplemento da dívida e a inexistência de bens em nome da empresa executada não legitima a conclusão de dolo por parte dos sócios ou do procurador da sociedade devedora. Recurso improvido.[375]

Assim, caso não haja comprovação de alguma espécie de fraude, é certo que o patrimônio do sócio não pode ser invadido para a satisfação de dívidas da empresa em que figura como sócio. Como bem anotado pelo Des. Vianna Cotrim:

> ...caso inexistisse essa separação, haveria grande temor de pessoas físicas constituírem sociedades, pois em caso de insucesso destas automaticamente o patrimônio daquelas seria afetado o qual não necessariamente fora alcançado como fruto de administração fraudulenta.[376]

Nesse ponto, como resposta a muitas das críticas em relação às alterações implementadas pela LLE no regime da desconsideração da personalidade jurídica, é de suma importância destacar a lúcida consideração feita pelo Des. Alexandre Lazzarini:

> Não há como impedir que a pessoa jurídica, na sua vivência, sacrifique interesses alheios, porque isso integra a realidade social e econômica. O credor da sociedade não ignora o princípio da

375 SÃO PAULO. TJSP, 29ª Câmara de Direito Privado, AI n. 2265981-94.2019.8.26.0000. Rel. Neto Barbosa Ferreira. DJe. 25/03/2021.

376 SÃO PAULO. TJSP, 26ª Câmara de Direito Privado, AI n. 2209792-62.2020.8.26.0000. Rel. Vianna Cotrim. DJe. 06/10/2020.

> separação patrimonial e, quando contrata e obtém créditos a receber, possui noção do risco do não cumprimento, de modo que o inadimplemento da sociedade (ou falta de bens) não lhe garante voltar a sua execução contra os sócios. Admite-se a desconsideração quando se verificar abuso no exercício da pessoa jurídica, o que autoriza o juiz a retirar a eficácia da personificação e eliminar a separação patrimonial. (...) A nova redação do art. 50 do CC não representa vitória dos sócios ou derrota dos credores da sociedade, mas, sim (e finalmente) a publicação de um roteiro oficial obrigando confirmar a modificação dos objetivos estatutários e a mistura de bens, pressupostos objetivos da fraude.[377]

Cabe, portanto, analisar a jurisprudência em relação aos requisitos trazidos pela LLE de modo a explicitar como esse "roteiro oficial" tem sido interpretado pelos tribunais, a fim de que se constate se houve, de fato, uma potencialização da autonomia patrimonial.

O primeiro requisito é trazido já no caput do artigo 50, que condiciona a desconsideração à caracterização do abuso da personalidade jurídica nas figuras do desvio de finalidade ou confusão patrimonial. Antes da edição da LLE, era recorrente a construção de abuso da personalidade jurídica firmado em meras irregularidades no funcionamento ou encerramento da empresa. A inexistência de bens passiveis de penhora para a satisfação das dívidas empresariais era, senão o único argumento para a desconsideração,[378] o principal ponto de partida para que os credores atacassem o patrimônio pessoal dos sócios.

Exemplos disso são os casos nos quais a empresa havia apresentado declaração de receita em um ano, e não nos demais, sem atualizar no registro competente o montante de seu capital social.[379] Agravante de

---

377 SÃO PAULO. TJSP, 1ª Câmara Reservada de Direito Empresarial, AI n. 2227611-46.2019.8.26.0000. Rel. Alexandre Lazzarini. DJe. 17/07/2020.

378 SÃO PAULO. TJSP, 1ª Câmara Reservada de Direito Empresarial, AI n. 2040437-25.2018.8.26.0000. Rel. Azuma Nishi. DJe. 19/09/2018.

379 SÃO PAULO. TJSP, 5ª Câmara de Direito Privado, AI n. 2058865-55.2018.8.26.0000. Rel. Moreira Viegas, DJe. 23/07/2018; SÃO PAULO. TJSP,

tal situação era a mudança de endereço ou mesmo endereço coincidente com os dos sócios.[380]

Resta claro que a mera irregularidade era instrumento de desvirtuamento do princípio da autonomia patrimonial da pessoa jurídica, dado que se sobrepunha a qualquer consideração quanto à situação econômica da empresa e sua prerrogativa legal. O acordão abaixo resume bem o posicionamento adotado até alguns anos atrás:

> A sociedade agravada que não mais funciona como empresa, enfim, está a servir, inaceitavelmente, de escudo, de véu, a seus sócios para ocultação de patrimônio. A sociedade, de fato, está inativa, encerrada, sem que tenham sido pagos seus credores. As formalidades legais para seu encerramento perante o registro de comércio e perante o fisco não foram preenchidas.
>
> Na própria contraminuta recursal, a agravada dá a impressão, decorrente do encadeamento da argumentação da defesa, de que está segura de ter o direito de ser mero anteparo para seus sócios, meio de proteção patrimonial. Por exemplo, quando transcreve julgado que estatui que meros "percalços financeiros" não configuram hipótese de desconsideração da personalidade jurídica, mas não diz em que teriam consistido tais dificuldades, no caso concreto (fl. 385). Ou quando invoca julgados do colendo STJ no sentido de que o simples encerramento irregular da atividade da sociedade não configura, por si só, caso de disregard of legal entity (fls. 386/389). (...) **A cessação de atividades sem a satisfação das dívidas e sem qualquer aceno de que um dia isto possa vir a ocorrer configura caso de desvio de finalidade, na dicção do art. 50 do Código Civil** (...). (grifo nosso)[381]

23ª Câmara de Direito Privado, AI n. 2176596-09.2017.8.26.0000. Rel. José Marcos Marrone, DJe. 19/09/2018.

380 SÃO PAULO. TJSP, 24ª Câmara de Direito Privado, AI n. 2108439-81.2017.8.26.0000. Rel. Jonize Sacchi de Oliveira. DJe. 27/02/2018; SÃO PAULO. TJSP, 24ª Câmara de Direito Privado, AI n. 2026831-27.2018.8.26.0000. Rel. Jonize Sacchi de Oliveira, DJe. 29/06/2018.

381 SÃO PAULO. TJSP, 10ª Câmara de Direito Privado, AI n. 2186113-09.2015.8.26.0000. Rel. Cesar Ciampolini. DJe. 02/03/2016.

Com a edição da LLE dissociou-se insolvência e irregularidade do abuso da personalidade jurídica, sendo necessárias provas cabais do intuito de lesar credores. A não atualização dos registros empresariais, seja durante o desenvolvimento da atividade comercial,[382] de sua absorção por outra instituição[383] ou mesmo de seu encerramento,[384] por si só não são mais suficientes para caracterizar intuito fraudulento dos sócios.

Ademais, nota-se que muitos desses casos, fundamentados na insolvência e na irregularidade, não apresentam quaisquer provas de abuso caracterizando desvio de finalidade ou confusão patrimonial, podendo, no máximo, trazer uma certidão negativa de bloqueio de ativos financeiros, a Ficha Cadastral Simplificada do estabelecimento ou mesmo alegação de inexistência de conta corrente no nome da empresa.[385]

Contudo, o aumento do ônus probatório para o credor não gerou um desequilíbrio processual, basta que a prova seja suficiente para comprovar as causas ensejadoras da desconsideração. Nesse sentido, a jurisprudência tem admitido a desconsideração em casos nos quais houve a dissolução da pessoa jurídica mediante distribuição de ativos entre os sócios sem solvência dos débitos em aberto.[386]

O segundo instrumento de fortalecimento à autonomia patrimonial é a restrição da desconsideração da personalidade jurídica aos

---

382 SÃO PAULO. TJSP, 26ª Câmara de Direito Privado, AI n. 2209792-62.2020.8.26.0000. Rel. Vianna Cotrim. DJe. 06/10/2020.

383 SÃO PAULO. TJSP, 5ª Câmara de Direito Privado, AI n. 2099036-83.2020.8.26.0000. Rel. James Siano. DJe. 02/08/2020.

384 SÃO PAULO. TJSP, 12ª Câmara de Direito Privado, AI n. 2163283-73.2020.8.26.0000. Rel. Tasso Duarte de Melo. DJe. 13/10/2020.

385 SÃO PAULO. TJSP, 1ª Câmara Reservada de Direito Empresarial, AI n. 2227611-46.2019.8.26.0000. Rel. Alexandre Lazzarini. DJe. 17/07/2020; SÃO PAULO. TJSP, 15ª Câmara de Direito Privado, AI n. 2218376-21.2020.8.26.0000. Rel. Achile Alesina. DJe. 23/09/2020; SÃO PAULO. TJSP, 12ª Câmara de Direito Privado, AI n. 2152784-30.2020.8.26.0000. Rel. Tasso Duarte de Melo, DJe. 13/11/2020; SÃO PAULO. TJSP, 3ª Câmara de Direito Público, AI n. 2002072-28.2020.8.26.0000. Rel. Camargo Pereira. DJe. 27/04/2020.

386 SÃO PAULO. TJSP, 33ª Câmara de Direito Privado, AI n. 2168590-08.2020.8.26.0000. Rel. Ana Lucia Romanhole Martucci. DJe. 20/08/2020.

"bens particulares de administradores ou de sócios da pessoa jurídica beneficiados direta ou indiretamente pelo abuso". Pela antiga redação do artigo 50 do Código Civil, muitas vezes os tribunais entendiam os efeitos da desconsideração a sócios que sequer tinham participado no desvio de finalidade.

Após a edição da LLE tem-se situação bem diferente. A mera invocação do argumento de identidade de sócios não legitima desconsideração da personalidade jurídica se não comprovado o seu uso abusivo pela pessoa a quem se direciona o incidente de desconsideração.[387]

Salienta-se que o § 3º do novo artigo 50, que formalizou a já conhecida desconsideração inversa da personalidade jurídica, também se atrelou ao preenchimento dos requisitos. Assim, uma situação corriqueira, como ausência de bens da pessoa física,[388] não implica automaticamente em abuso da personalidade jurídica, da mesma forma que uma única transação da pessoa jurídica em favor da pessoa física[389] não é suficiente para constatar abuso da personalidade jurídica, nos moldes do § 2º, inciso II, salvo se comprovada sua ilicitude.

Já num contexto das mudanças promovidas pela LLE, as decisões dos agravos de instrumento n. 2009205-24.2020.8.26.0000,[390] n. 2188007-44.2020.8.26.0000[391] e n. 2196334-75.2020.8.26.0000[392] exemplificam a aplicação da máxima de que a insolvência não justifica

387 SÃO PAULO. TJSP, 34ª Câmara de Direito Privado, AI n. 2203428-11.2019.8.26.0000. Rel. L. G. Costa Wagner. DJe. 20/02/2020.

388 SÃO PAULO. TJSP, 1ª Câmara Reservada de Direito Empresarial, AI n. 2258727-07.2018.8.26.0000. Rel. Hamid Bdine. DJe. 19/12/2018.

389 SÃO PAULO. TJSP, 12ª Câmara de Direito Privado, AI n. 2076373-14.2018.8.26.0000. Rel. Tasso Duarte de Melo. DJe. 04/09/2018.

390 SÃO PAULO. TJSP, 21ª Câmara de Direito Privado, AI n. 2009205-24.2020.8.26.0000. Rel. Régis Rodrigues Bonvicino. DJe. 08/06/2020.

391 SÃO PAULO. TJSP, 31ª Câmara de Direito Privado, AI n. 2188007-44.2020.8.26.0000. Rel. Rosangela Telles. DJe. 07/04/2021.

392 SÃO PAULO. TJSP, 33ª Câmara de Direito Privado, AI n. 2196334-75.2020.8.26.0000. Rel. Ana Lucia Romanhole Martucci. DJe. 05/11/2020.

desconsideração da personalidade jurídica, nessas circunstâncias protegendo o patrimônio da sociedade das dívidas dos sócios.

Novamente, o ônus probatório dos novos requisitos para a desconsideração não inviabiliza o instituto. Como prova, podemos citar diversos precedentes do Tribunal de Justiça do Estado de São Paulo,[393] todos referentes ao abuso da personalidade jurídica pela confusão de patrimônio entre sociedade e sócio, de modo a blindar a pessoa física, seja por criação de fantasia social em nome do exercício da profissão ou mesmo constituição de empresa familiar ilegítima.

Por fim, tem-se a novidade referente ao tratamento dos grupos econômicos, trazida pelo § 4º da nova redação do artigo 50, que dispõe: "A mera existência de grupo econômico sem a presença dos requisitos de que trata o caput deste artigo não autoriza a desconsideração da personalidade da pessoa jurídica".

Anteriormente à edição da LLE, boa parte da jurisprudência caminhava em sentido diverso do expresso pelo artigo 50, § 4º. A identidade de sócios e de endereço comercial e a atuação no mesmo ramo de atuação não só exprimiam a formação de grupo econômico, como eram tidos como indício de confusão patrimonial, mesmo que não fossem apresentadas provas de atividade ilícita que as interligasse.[394]

Com a edição da LLE, a situação se altera consideravelmente. Os tribunais reconhecem nos julgados mais recentes que a formação de grupo econômico é manobra empresarial lícita e válida. Se situações como identidade ou parentesco entre os sócios e a semelhança da

---

393 SÃO PAULO. TJSP, 6ª Câmara de Direito Privado, AI n. 2065174-24.2020.8.26.0000. Rel. Paulo Alcides. DJe. 20/07/2020. No mesmo sentido: SÃO PAULO. TJSP, 30ª Câmara de Direito Privado, AI n. 2259506-25.2019.8.26.0000. Rel. Maria Lúcia Pizzotti. DJe. 20/02/2020; SÃO PAULO. TJSP, 21ª Câmara de Direito Privado, AI n. 2130100-48.2019.8.26.0000. Rel. Virgilio de Oliveira Junior. DJe. 11/02/2020.

394 SÃO PAULO. TJSP, 21ª Câmara de Direito Privado, AI n. 2003443-32.2017.8.26.0000. Rel. Virgilio de Oliveira Junior. DJe. 23/05/2017.

atividade desenvolvidas pelas empresas[395] não qualificam concretamente um grupo empresarial, muito menos podem elas ser justificativas para desconsideração da personalidade de uma ou outra empresa.

Em suma, embora não tenham passado dois anos da edição da Lei n. 13.874, de 20 de setembro de 2019, uma pesquisa feita nos sites do Tribunal de Justiça do Estado de São Paulo e do Superior Tribunal de Justiça, revelou que os requisitos instituídos pela LLE para a autorização do afastamento da autonomia patrimonial fortaleceram o instituto, dando ensejo a decisões mais uniformes sobre o instituto, beneficiando, assim, a segurança jurídica e reflexamente a economia brasileira.

CONCLUSÃO

A LLE representou um importante avanço legal na retomada do prestígio do princípio da autonomia patrimonial e da excepcionalidade da desconsideração da personalidade jurídica.

A positivação da antiga ideia de separação real entre a pessoa jurídica e seus sócios ou administradores, mesmo como reforço ao princípio sempre consagrado pelo Direito Comercial, definindo a causa da autonomia patrimonial e os benefícios sociais que lhes são inerentes, como feito no novo artigo 49-A e parágrafo único do Código Civil, trouxe sinalização importante ao julgador nos casos em que se pretender a aplicação da teoria da desconsideração.

Do mesmo modo, a conceituação normativa do desvio de finalidade e da confusão patrimonial, como feito no art. 50, §§ 1º e 2º do Código Civil, estabeleceu as balizas a serem observadas quando se pretender afastar a autonomia patrimonial da pessoa jurídica.

395 SÃO PAULO. TJSP, 30ª Câmara de Direito Privado, AI n. 2087436-65.2020.8.26.0000. Rel. Maria Lúcia Pizzotti. DJe. 26/01/2021; SÃO PAULO. TJSP, 27ª Câmara de Direito Privado, AI n. 2267367-28.2020.8.26.0000. Rel. Alfredo Attié. DJe. 15/03/2021; SÃO PAULO. TJSP, 12ª Câmara de Direito Privado, AI n. 2112645-36.2020.8.26.0000. Rel. Tasso Duarte de Melo. DJe. 24/09/2020.

Na mesma linha, as disposições legais sobre a desconsideração inversa da personalidade jurídica, bem como a dinâmica estabelecida para os grupos econômicos, como feito no art. 50, §§ 3º e 4º do Código Civil, permitem de forma mais eficaz a preservação do bom funcionamento que deve imperar nas relações comerciais a partir da observância de suas regras básicas.

E, nesse passo, é primordial destacar, neste capítulo da conclusão, que o princípio da autonomia patrimonial se traduz no caput do art. 49-A do Código Civil, na redação dada pela LLE, cujo teor vale a pena repetir: "A pessoa jurídica não se confunde com os seus sócios, associados, instituidores ou administradores". E isso pela simples e boa razão de que a autonomia patrimonial nada mais é do que, como consta do seu parágrafo único, "...um instrumento lícito de alocação e segregação de riscos, estabelecido pela lei com a finalidade de estimular empreendimentos, para a geração de empregos, tributo, renda e inovação em benefício de todos".

Obviamente, o diploma legal não fará com que cessem as discussões doutrinárias e jurisprudenciais sobre o assunto, nem seria bom, visto que das decisões judiciais e ensaios da doutrina advém a sempre importante complementação prática da aplicação da norma geral e abstrata. Contudo, a LLE representou um grande salto em direção ao requinte dos institutos estudados, seja na diminuição da burocracia e dinamização da economia brasileira, seja trazendo à tona o desejo do legislador quanto à premente necessidade de garantir-se maior segurança jurídica às relações contratuais de natureza comercial ou empresarial.

Sendo assim, a conclusão que se extrai é a de que a LLE veio em boa hora positivar diversos conceitos e princípios antigos relacionados à autonomia patrimonial e à desconsideração da personalidade jurídica, partindo da ideia de que o fortalecimento da autonomia é primordial para dar segurança jurídica aos contratos e para estimular os investimentos que são feitos por empresários e sociedades empresárias atuantes num mercado inteiramente internacionalizado.

REFERÊNCIAS BIBLIOGRÁFICAS

ALVIM, Eduardo Arruda; GRANADO, Daniel Willian. "Aspectos processuais da desconsideração da personalidade jurídica". *In*: BRUSCHI, Gilberto Gomes *et al.* (Coord.). *Direito Processual Empresarial*: estudos em homenagem ao professor Manoel de Queiroz Pereira Calças. Rio de Janeiro: Elsevier, 2012.

AGUIAR JÚNIOR, Ruy Rosado (Coord.). *Jornadas de Direito Civil I, III, IV e V*: enunciados aprovados. Brasília: Conselho da Justiça Federal, Centro de Estudos Judiciários, 2012.

AGUILLAR, Fernando Herren. *Direito Econômico*. 3ª ed. São Paulo: Atlas, 2012.

BERCOVICI, Gilberto. "As Inconstitucionalidades da Lei da Liberdade Econômica" (Lei n. 13.874, de 20 de setembro de 2019) *In*: SALOMÃO, Luis Felipe; CUEVA, Ricardo Villas Bôas; FRAZÃO, Ana. (Coord.) *Lei de Liberdade Econômica e seus impactos no Direito Brasileiro*. 1ª ed. São Paulo: Thomson Reuters Brasil, 2020.

BOITEUX, Fernando Netto. "A Desconsideração da Personalidade Jurídica na Lei de Liberdade Econômica". *In*: CUNHA FIlHO, Alexandre J. Carneiro. PICCELLI, Roberto Ricomini. MACIEL, Renata Mota (Coord.). *Lei de Liberdade Econômica Anotada* – Lei n. 13.847, de 2019. ol. 2 São Paulo: Editora Quartier Latin do Brasil, 2020.

BORBA, José Edwaldo Tavares. *Direito ocietário*. 8ª ed. Rio de Janeiro: Renovar, 2003.

BRASIL. Decreto n. 3.708, de 10 de janeiro de 1919. Regula a constituição das sociedades por quotas, de responsabilidade limitada. Disponível em: http://www.planalto.gov.br/ccivil_03/decreto/antigos/d3708.htm. Acesso em 21 abr. 2021.

BRASIL. Lei n. 5.452, de 1° de maio de 1943. Aprova a Consolidação das Leis do Trabalho. Disponível em: http://www.planalto.gov.br/ccivil_03/decreto-lei/del5452.htm. Acesso em 21 abr. 2021.

BRASIL. Lei n. 8.078, de 11 de setembro de 1990. Dispõe sobre a proteção do consumidor e dá outras providências. Disponível em: http://www.planalto.gov.br/ccivil_03/leis/l8078compilado.htm. Acesso em 21 abr. 2021.

BRASIL. Lei n. 10.406 de janeiro de 2002. Institui o Código Civil. Disponível em: http://www.planalto.gov.br/ccivil_03/leis/2002/l10406compilada.htm. Acesso em 21 abr. 2021.

BRASIL. Lei n. 13.874, de 20 de setembro de 2019. Institui a Declaração de Direitos de Liberdade Econômica. Disponível em: http://www.planalto.gov.br/ccivil_03/_ato2019-2022/2019/lei/L13874.htm. Acesso em 21 abr. 2021.

BRASIL. Painel Mapa de Empresas. Disponível em https://www.gov.br/governodigital/pt-br/mapa-de-empresas/painel-mapa-de-empresas. Acesso em 21 abr. 2021.

BRASIL. Pesquisa realizada no site da Junta Comercial do Estado de São Paulo (JUCESP). Disponível em: https://www.jucesponline.sp.gov.br/BuscaAvancada.aspx. Acesso em 14 out. 2020.

BRASIL. STJ, Quarta Turma, AgInt no AgRg no AREsp n. 139.597/RJ, Rel. Min. Marco Buzzi. DJe. 29/08/2018.

BRASIL. STJ, Quarta Turma, AgInt no AREsp n. 1551480/DF. Rel. Min. Raul Araújo. DJe. 26/08/2020.

BRASIL. STJ, Quarta Turma, AgInt no RESp n. 1.585.391/SP. Rel. Min. Luis Felipe Solomão. DJe. 14/11/2017.

BRASIL. STJ, Quarta Turma, AgRg no AREsp n. 275810/MG. Rel. Min. Luis Felipe Salomão. DJe. 04/02/2013.

BRASIL. STJ, Quarta Turma, AgRg no REsp n. 1173067/RS. Rel. Min. Nancy Andrighi. DJe 19/06/2012.

BRASIL. STJ, Quarta Turma, REsp n. 1096604/DF. Rel. Min. Luis Felipe Salomão. DJe. 16/10/2012.

BRASIL. STJ, Quarta Turma, REsp n. 1111153/RJ. Rel. Min. Luis Felipe Salomão. DJe. 04/02/2013.

BRASIL. STJ, Quarta Turma, REsp n. 948117/MS. Rel. Min. Nancy Andrighi. DJe. 03/08/2010.

BRASIL. STJ, Quarta Turma, REsp n. 970635/SP. Rel. Min. Nancy Andrighi. DJe 01/12/2009.

BRASIL. STJ, Segunda Seção, AgRg nos EREsp n. 418385/SP. Rel. Min. Ricardo Villas Bôas Cueva. DJe. 16/03/2012.

BRASIL. STJ, Segunda Turma, REsp n. 1267232. Rel. Min. Mauro Campbell Marques. DJe 08/09/2011.

BRASIL. STJ, Terceira Turma, AgInt no AREsp n. 1.006.296/SP. Rel. Min. Marco Aurélio Bellizze. DJe. 24/02/2017.

BRASIL. STJ, Terceira Turma, AgInt no REsp n. 1.678.562/SP. Rel. Min. Paulo de Tarso Sanseverino. DJe. 15/04/2019.

BRASIL. STJ, Terceira Turma, AgRg no Ag n. 1342443/PR. Rel. Min. Massami Uyeda. DJe. 24/05/2012.

BRASIL. STJ, Terceira Turma, AgRg no AREsp n. 133405/RS. Rel. Min. Ricardo Villas Bôas Cueva. DJe. 26/08/2013.

BRASIL. STJ, Terceira Turma, AgRg no AREsp n. 231266/SP. Rel. Min. Sidnei Beneti. DJe. 10/06/2013.

BRASIL. STJ, Terceira Turma, REsp n. 1.419.256/RJ. Rel. Min. Ricardo Villas Bôas Cueva, Dje 19/02/2015.

BRASIL. STJ, Terceira Turma, REsp n. 1.526.287/SP. Rel. Min. Nancy Andrighi. DJe. 26/05/2017.

BRASIL. STJ, Terceira Turma, REsp n. 1.735.004/SP. Rel. Min. Nancy Andrighi. DJe. 29/06/2018.

BRASIL. STJ, Terceira Turma, REsp n. 279273/SP. Rel. Min. Nancy Andrighi. DJe. 29/03/2004.

BRASIL. TST, Quinta Turma, AIRR n. 22.289/2002-900-09-00.2. Relator João Batista Brito Pereira. DEJT. 29/10/2003.

BRASIL. TST, Subseção II Especializada em Dissídios Individuais, ROAR n. 6.103/2003-909-09-00.6. Rel. Min. Emmanoel Pereira. DJU 04/08/2006.

BRASIL. TST, Subseção II Especializada em Dissídios Individuais, ROMS n. 416.427. Rel. Min. Francisco Fausto. DJU 02/02/2001.

BRASIL. TST, Terceira Turma, AIRR n. 32.482/2002.900.05.00.3. Rel. Juiz Conv. Paulo Roberto Sifuentes Costa. DJU 16/05/03.

BRUSCHI, Gilberto Gomes. *Aspectos processuais da desconsideração da personalidade jurídica*. 2ª ed. São Paulo: Saraiva, 2009.

CALÇAS, Manoel de Queiroz Pereira. *Sociedade Limitada no Novo Código Civil*. São Paulo, Atlas, 2003.

CAMPINHO, Sérgio. *O Direito de Empresa à luz do Código Civil*. 12ª ed. Rio de Janeiro: Renovar, 2011.

CARVALHO DE MENDONÇA, José Xavier. *Tratado de Direito Comercial Brasileiro*. ol. II, tomo II, livro II. 1ª ed. Campinas: BookSeller, 2000.

CARVALHOSA, Modesto. AZEVEDO, Antônio Junqueira (Coord.). *Comentários ao Código Civil*: parte especial: do ireito de empresa (artigos 1.052 a 1.195). ol. 13 2ª ed. São Paulo: Saraiva, 2005.

CASTRO NEVES, José Roberto. "A Desconsideração da Personalidade Jurídica – O Avesso do Avesso". *In*: SALOMÃO, Luis Felipe; CUEVA, Ricardo Villas Bôas; FRAZÃO, Ana (Coord.) *Lei de Liberdade Econômica e seus impactos no Direito Brasileiro*. 1ª ed. São Paulo: Thomson Reuters Brasil, 2020.

CAVALCANTE, Jouberto de Quadros Pessoa; JORGE NETO, Francisco Ferreira. *Direito do Trabalho*. 9ª ed. São Paulo: Atlas, 2019.

CAVALCANTE, Jouberto de Quadros Pessoa. JORGE NETO, Francisco Ferreira. "A Desconsideração da Personalidade Jurídica e seus Desdobramentos no CPC/2015 e na Lei n. 13.467/2017". *In:* SOUZA JUNIOR, Antonio Umberto de Souza *et al.* (Coord.). *Reforma Trabalhista:* análises e comentários sobre a Lei n. 13.467/2017. São Paulo: LTs, 2018.

CLÁPIS, Flávia Maria de Morais Geraigire. *Desconsideração da personalidade jurídica*. Dissertação de Mestrado em Direito Comercial pela Pontifícia Universidade Católica de São Paulo. São Paulo, 2006. Disponível em: http://www.dominiopublico.gov.br/download/teste/arqs/cp011763.pdf. Acesso em 12 fev. 2014.

CLAUS, Ben-Hur Silveira. "A desconsideração inversa da personalidade jurídica na execução trabalhista e a pesquisa eletrônica de bens de executados". *Revista LTr*: legislação do trabalho: publicação mensal de legislação, doutrina e jurisprudência. Ano 77, janeiro. São Paulo: LTr, 2013.

COASE, Ronald H. "O Problema do Custo Social". *The Journal of Law & Economics*, vol. III, out. 1960. Tradução: ALVES, Francisco Kümmel F. COAVILLA, Renato Vieira. Disponível em: https://edisciplinas.usp.br/pluginfile.php/3806050/mod_resource/content/1/custosocial.pdf. Acesso em 21 abr. 2021.

COELHO, Fábio Ulhoa. *A sociedade limitada no novo Código Civil*. São Paulo: Saraiva, 2003.

COELHO, Fábio Ulhoa. "A teoria da desconsideração da personalidade jurídica". *In: Estudos de Direito Público São Paulo*: Associação dos Advogados da Prefeitura do Município de São Paulo, n. 1, jan-jun, 1984.

COELHO, Fábio Ulhoa. *Curso de Direito Comercial*: ireito de mpresa. 16ª ed. São Paulo: Saraiva, 2012.

COELHO, Fábio Ulhoa. *Desconsideração da Personalidade Jurídica*. São Paulo: Revista dos Tribunais, 1989.

COELHO, Fábio Ulhoa. "Lineamentos da teoria da desconsideração da pessoa jurídica". *Revista do Advogado*. São Paulo: Associação dos Advogados de São Paulo, n. 36, março, 1992.

COELHO, Fábio Ulhoa. *Princípios do Direito Comercial*: com anotações ao projeto de código comercial. São Paulo: Saraiva, 2012.

COMPARATO, Fábio Konder; SALOMÃO FILHO, Calixto. *O poder de controle na sociedade anônima*. 4ª ed. Rio de Janeiro: Forense, 2005.

CORREIA, António Ferrer. A autonomia patrimonial como pressuposto da personalidade jurídica. *In:* CORREIA, António Ferrer. *Estudos vários de Direito*. Coimbra: [*s.n.*], 1982.

COUTINHO, Diogo R. "A Mão Invisível e a Faca no Pescoço: Considerações sobre o 'Abuso de Poder Regulatório' na Lei 13.874/2019". *In*: SALOMÃO, Luis Felipe; CUEVA, Ricardo Villas Bôas; FRAZÃO, Ana (Coord.). *Lei de Liberdade Econômica e seus impactos no Direito Brasileiro*. São Paulo: Thomson Reuters Brasil, 2020.

CYRINO, André. *Direito Constitucional Regulatório*. 2ª ed. Rio de Janeiro: Processo, 2018.

CYRINO, André. "A Constituição Econômica e a Lei n. 13.874/2019". *In*: SALOMÃO, Luis Felipe; CUEVA, Ricardo Villas Bôas; FRAZÃO, Ana (Coord.). *Lei de Liberdade Econômica e seus impactos no Direito Brasileiro*, 1ª ed. São Paulo: Thomson Reuters Brasil, 2020.

DANTAS, Marcelo Navarro Ribeiro. "O Projeto do Novo Código Comercial e a Desconsideração da Pessoa Jurídica". *In*: COELHO, Fábio Ulhoa; LIMA, Tiago Asfor Rocha; NUNES, Marcelo Guedes (Coord.). R*eflexões sobre o Projeto de Código Comercial*. São Paulo: Saraiva, 2013.

DELGADO, Maurício Godino. *Curso de Direito do Trabalho*: obra revista e atualizada conforme a lei da reforma trabalhista e inovações normativas e jurisprudenciais posteriores. 18ª ed. São Paulo: LTr, 2019.

DINIZ, Maria Helena. Curso de Direito Civil Brasileiro. ol. 2, 22ª ed. São Paulo: Saraiva, 2007.

DISTRITO FEDERAL E TOCANTINS. TRT-10, Primeira Turma, AP n. 00827200801910009. Relator Des. Dorival Borges de Souza Neto, DJe 28.03.2014.

FERRARA JUNIOR, Francesco. *Teoría de las personas jurídicas*. 2ª ed. Eduardo Ovejero Y Maury (trad.). Madrid: Editorial Reus, 1929.

ESTADOS UNIDOS. Suprema Corte dos Estados Unidos, Bank of the United States v. Deveaux, 9 U.S. 5 Cranch 61. Disponível em: http://supreme.justia.com/cases/federal/us/9/61/case.html. Acesso em 12 fev. 2014.

FRAZÃO, Ana. "Desconsideração da personalidade jurídica e tutela de credores". *In*: *Questões de Direito Societário em Portugal e no Brasil.* COELHO, Fábio Ulhoa; Maria de Fátima Ribeiro (Coord.). Coimbra: Almedina, 2012.

FRAZÃO, Ana. "Lei de Liberdade Econômica e seus Impactos sobre a desconsideração da personalidade jurídica". *In*: SALOMÃO, Luis Felipe; CUEVA, Ricardo Villas Bôas; FRAZÃO, Ana (Coord). *Lei de Liberdade Econômica e seus impactos no Direito Brasileiro.* 1ª ed. São Paulo: Thomson Reuters Brasil, 2020.

FORGIONI, Paula A. *A evolução do ireito omercial brasileiro*: da mercancia ao mercado. 2ª ed. São Paulo: RT, 2009.

FURTADO, Jorge H. C. Pinto. *Curso de Direito das Sociedades*. Coimbra: Almedina, 1983.

GALGANO, Francesco. "Riconoscimento della personalità giuridica e discrezionalità dell'autorità governativa". *In*: *Studi in onore di Francesco Santoro-Passarelli*. Napoli: Casa Editrice Dott. Eugenio Jovene, 1972.

GALLO, Giovanna Mazetto; CRUZ, Pedro Santos. "Princípio da separação patrimonial. Desconsideração da personalidade jurídica. Observância aos requisitos do art. 50 do CC/2002. Comentários ao AgIn 667.552-4/8-00 do TJSP". *Revista de Direito Bancário e do Mercado de capitais*. Ano 13, n. 50, out-dez/2010.

GLOGER, Christian. "A responsabilidade civil dos sócios de uma sociedade limitada em relações de consumo: uma nova análise do art. 28 do CDC". 2005. *In*: WALD, Arnaldo (Coord.). *Direito Empresarial*: teoria geral, vol. 1. São Paulo: Revista dos Tribunais, 2011.

GONÇALVES, Oksandro. "O recoser da autonomia patrimonial e da responsabilidade limitada no Projeto do Novo Código Comercial". *In:* COELHO, Fábio Ulhoa. LIMA, Tiago Asfor Rocha. NUNES, Marcelo Guedes. *Reflexões sobre o Projeto de Código Comercial.* São Paulo: Saraiva, 2013.

GONÇALVES NETO, Alfredo de Assis. *Direito de empresa*: comentários aos artigos 966 a 1.195 do Código Civil. 4ª ed. São Paulo: Editora Revista dos Tribunais, 2012.

GRINOVER, Ada Pellegrini. "Da desconsideração da pessoa jurídica: aspectos de ireito aterial e rocessual". *Revista Jurídica do Ministério Público*, vol. 6, 2006, p. 66. Disponível em: https://aplicacao.mpmg.mp.br/xmlui/bitstream/handle/123456789/257/da%20desconsideraçao%20pessoa%20juridica_Grinover.pdf?sequence=1. Acesso em 21 fev. 2014.

HALL, Kermit L; ELY JR., James W. *The Oxford Guide to the United States Supreme Court Decisions*. 2ª ed. Oxford University Press: 2009. Disponível em: https://www.oxfordreference.com/view/10.1093/oi/authority.20110803095445381. Acesso em 9 nov. 2020.

HANSMANN, Henry; KRAAKMAN, Reinier. "What is Corporate Law?". *In:* HANSMANN, Henry; KRAAKMAN, Reinier *et al. The Autonomy of Corporate Law: A Comparative and Functional Approach*. Oxford University Press, 2004. Disponível em: http://ssrn.com/abstract=568623. Acesso em 28 de jan. 2014.

KIPPEL, Bruno. "O incidente de desconsideração da personalidade jurídica e suas repercussões no processo do trabalho à luz da lei n. 13.467/17". *In*: TREMEL, Rosangela; CALCINI, Ricardo. *Reforma Trabalhista* – Primeira Impressões. Paraíba: EDUEPB, 2018.

KÖHLER, Graziela de Oliveira. "A aplicação da teoria da desconsideração da personalidade jurídica na responsabilidade civil ambiental". *Revista do Curso de Direito da FSG,* ano 6, n. 11, jan./jun. 2012. Caxias do Sul: 2012. Disponível em: http://ojs.fsg.br/index.php/direito/article/view/351. Acesso em 21 abr. 2021.

KOURY, Suzy Elizabeth Cavalcante. *A desconsideração da personalidade jurídica (disregard doctrine) e os grupos de empresas*. 4ª ed. São Paulo: LTr, 2018.

LAMY FILHO, Alfredo; PEDREIRA, José Luiz Bulhões. "Conceito, objeto social e classes". *In*: LAMY FILHO, Alfredo; PEDREIRA, José Luiz Bulhões (Coord.). *Direito das companhias*. Rio de Janeiro: Forense, 2009.

LEONARDO, Rodrigo Xavier; RODRIGUES JR., Otavio Luiz. "A Autonomia da Pessoa Jurídica – Alteração do Art. 49-A do Código Civil: Art. 7º". *In*: MARQUES NETO, Floriano Peixoto; LEONARDO, Rodrigo Xavier; RODRIGUES JR., Otavio Luiz (Coord.). *Comentários à Lei de Liberdade Econômica*: Lei 13.874/2019. São Paulo: Thomson Reuters Brasil, 2019.

LEONARDO, Rodrigo Xavier; RODRIGUES JR., Otavio Luiz. "A Desconsideração da Pessoa Jurídica – Alteração do Art. 50 do Código Civil: Art. 7º". *In*: MARQUES NETO, Floriano Peixoto; LEONARDO, Rodrigo Xavier; RODRIGUES JR., Otavio Luiz. (Coord.). *Comentários à Lei de Liberdade Econômica*: Lei 13.874/2019. São Paulo: Thomson Reuters Brasil, 2019.

LEONARDO, Rodrigo Xavier; RODRIGUES JR., Otavio Luiz (Coord.). *Comentários à Lei de Liberdade Econômica*: Lei 13.874/2019. São Paulo: Thomson Reuters Brasil, 2019.

LOBO, Jorge. *Sociedades Limitadas*. ol.1 1ª ed. Rio de Janeiro: Forense, 2004.

LUCENA, José Waldecy. *Das Sociedades Limitadas*. 6ª ed. atual. e ampl. Rio de Janeiro: Renovar, 2005.

LUCON, Paulo Henrique dos Santos. "Incidente de Desconsideração da Personalidade Jurídica e a Lei de Liberdade Econômica". *In*: SALOMÃO, Luis Felipe; CUEVA, Ricardo Villas Bôas; FRAZÃO, Ana (Coord.). *Lei de Liberdade Econômica e seus impactos no Direito Brasileiro*. 1ª ed. São Paulo: Thomson Reuters Brasil, 2020.

MARTINS FILHO, Ives Gandra. "As sociedades empresárias". *In:* MARTINS FILHO, Ives Gandra; MENDES, Gilmar Ferreira; FRANCIULLI, Domingos (Coord.). *O Novo Código Civil:* Homenagem ao Prof. Miguel Reale. 2ª ed. São Paulo: LTr, 2006

MINAS GERAIS. TJMG, 2ª Câmara Cível, AI n. 10110090218204001. Relator Des. Afrânio Vilela. DJe 15/04/2013.

MONTEIRO FILHO, Raphael de Barros *et al*. *In*: TEIXEIRA, Sálvio de Figueiredo (Coord.). *Comentários ao novo Código Civil*: das pessoas: (arts. 1° a 78), vol. 1 2ª ed. Rio de Janeiro: Forense, 2012.

NEGRÃO, Ricardo. *Manual de Direito Comercial e de Empresa*: teoria geral da empresa e ireito ocietário, vol.1 9ª ed. São Paulo: Saraiva, 2012.

NUSDEO, Fábio. *Curso de Economia*. Introdução ao Direito Econômico. 2ª ed. São Paulo: RT, 2000.

NUNES, Simone Lahorgue; BIANQUI, Pedro Henrique Torres. "A desconsideração da personalidade jurídica: considerações sobre a origem do princípio, sua positivação e a aplicação no Brasil". *In*: FRANÇA, Erasmo Valladão Azevedo e Novaes (Coord.). *Direito Societário Contemporâneo I*. São Paulo: Quartier Latin, 2009.

OLIVEIRA, Amanda Flávio. "Lei de Liberdade Econômica: Apontamentos Acerca da Constitucionalidade da Lei n. 13.874/2019". *In*: SALOMÃO, Luis Felipe; CUEVA, Ricardo Villas Bôas; FRAZÃO, Ana (Coord.). *Lei de Liberdade Econômica e seus impactos no Direito Brasileiro*. 1ª ed. São Paulo: Thomson Reuters Brasil, 2020.

OLIVEIRA, J. Lamartine Corrêa de. *A dupla crise da pessoa jurídica*. São Paulo: Saraiva, 1979.

REQUIÃO, Rubens. "Abuso de direito e fraude através da personalidade jurídica". *Revista dos Tribunais*, vol. 410. São Paulo: RT, 1969. Republicado na Revista dos Tribunais, vol. 803, ano 91, setembro. São Paulo: RT, 2002.

REQUIÃO, Rubens. *Curso de Direito Comercial*. ol. 1 31ª ed. São Paulo: Saraiva, 2012.

RIBEIRO, Maria de Fátima. "Desconsideração da personalidade jurídica e tutela de credores". *In*: *Questões de Direito Societário em Portugal e no Brasil*. Coimbra: Almedina, 2012.

ROVAI, Armando Luiz. *Penhora de quotas de sociedades*: paradoxo legislativo. Trabalho de Conclusão de Curso pela Universidade Presbiteriana Mackenzie: 2009. Disponível em: http://www.mackenzie.br/fileadmin/Graduacao/FDir/Artigos/artigos_2009/Rovai3.pdf. Acesso em 08 abr. 2014.

SALAMA, Bruno Meyerhof; PRADO, Viviane Muller. "A Flexibilização da Responsabilidade Societária nos Direitos Privado, Trabalhista e Tributário: Uma Panorâmica Histórica". *Revista da Procuradoria-Geral do Banco Central do Brasil*, vol. 1, pp. 137-180, jan./fev. Brasília: BCB, 2013. Disponível em: https://works.bepress.com/bruno_meyerhof_salama/77/. Acesso em 20 fev. 2014.

SALOMÃO FILHO, Calixto. *O novo Direito Societário*. 3ª ed. São Paulo: Malheiros, 2006.

SÃO PAULO. TJSP, Câmara Reservada à Falência e Recuperação, AI n. 0161680-14.2011.8.26.0000. Rel. Des. Romeu Ricupero. DJe. 26/01/2012.

SÃO PAULO. TJSP, 1ª Câmara Reservada de Direito Empresarial, AC n. 0124934-17.2006.8.26.0001. Rel. Des. Maia da Cunha. DJe. 15/11/2012.

SÃO PAULO. TJ-SP, 1ª Câmara Reservada de Direito Empresarial, AI n. 2040437-25.2018.8.26.0000. Rel. Azuma Nishi. DJe. 19/09/2018.

SÃO PAULO. TJ-SP, 1ª Câmara Reservada de Direito Empresarial, AI n. 2227611-46.2019.8.26.0000. Rel. Alexandre Lazzarini. DJe. 17/07/2020.

SÃO PAULO. TJ-SP, 1ª Câmara Reservada de Direito Empresarial, AI n. 2258727-07.2018.8.26.0000. Rel. Hamid Bdine. DJe. 19/12/2018.

SÃO PAULO. TJSP, 2ª Câmara Reservada ao Meio Ambiente, AI n. 2164167-10.2017.8.26.0000. Rel. Des. Paulo Alcides. DJe. 19/10/2017.

SÃO PAULO. TJ-SP, 3ª Câmara de Direito Público, AI n. 2002072-28.2020.8.26.0000. Rel. Camargo Pereira. DJe. 27/04/2020.

SÃO PAULO. TJSP, 4ª Câmara de Direito Privado, Agravo de Instrumento n. 0123947-77.2012.8.26.0000. Rel. Des. Maia da Cunha. DJe. 28/09/2012.

SÃO PAULO. TJ-SP, 5ª Câmara de Direito Privado, AI n. 2058865-55.2018.8.26.0000. Rel. Moreira Viegas. DJe. 23/07/2018.

SÃO PAULO. TJ-SP, 5ª Câmara de Direito Privado, AI n. 2099036-83.2020.8.26.0000. Rel. James Siano. DJe. 02/08/2020.

SÃO PAULO. TJ-SP, 6ª Câmara de Direito Privado, AI n. 2065174-24.2020.8.26.0000. Rel. Paulo Alcides. DJe. 20/07/2020.

SÃO PAULO. TJ-SP, 10ª Câmara de Direito Privado, AI n. 2186113-09.2015.8.26.0000. Rel. Cesar Ciampolini. DJe. 02/03/2016.

SÃO PAULO. TJ-SP, 12ª Câmara de Direito Privado, AI n. 2076373-14.2018.8.26.0000. Rel. Tasso Duarte de Melo. DJe. 04/09/2018.

SÃO PAULO. TJSP, 12ª Câmara de Direito Privado, AI n. 2112645-36.2020.8.26.0000. Rel. Tasso Duarte de Melo. DJe. 24/09/2020.

SÃO PAULO. TJ-SP, 12ª Câmara de Direito Privado, AI n. 2152784-30.2020.8.26.0000. Rel. Relator Tasso Duarte de Melo. DJe. 13/11/2020.

SÃO PAULO. TJ-SP, 12ª Câmara de Direito Privado, AI n. 2163283-73.2020.8.26.0000. Rel. Tasso Duarte de Melo. DJe. 13/10/2020.

SÃO PAULO. TJ-SP, 15ª Câmara de Direito Privado, AI n. 2218376-21.2020.8.26.0000. Rel. Achile Alesina. DJe. 23/09/2020.

SÃO PAULO. TJSP, 21ª Câmara de Direito Privado, AI n. 2003443-32.2017.8.26.0000. Rel. Virgilio de Oliveira Junior. DJe. 23/05/2017.

SÃO PAULO. TJ-SP, 21ª Câmara de Direito Privado, AI n. 2009205-24.2020.8.26.0000. Rel. Régis Rodrigues Bonvicino. DJe. 08/06/2020.

SÃO PAULO. TJ-SP, 21ª Câmara de Direito Privado, AI n. 2130100-48.2019.8.26.0000. Rel. Virgilio de Oliveira Junior. DJe. 11/02/2020.

SÃO PAULO. TJ-SP, 21ª Câmara de Direito Privado, AI n. 2195349-09.2020.8.26.0000. Rel. Décio Rodrigues. DJe. 05/10/2020.

SÃO PAULO. TJ-SP, 22ª Câmara de Direito Privado, AI n. 2216295-02.2020.8.26.0000. Rel. Campos Mello. DJe. 16/01/2021.

SÃO PAULO. TJSP, 23ª Câmara de Direito Privado, AI n. 2028702-34.2014.8.26.0000. Rel. Des. José Marcos Marrone. DJe. 12/04/2014.

SÃO PAULO. TJSP, 23ª Câmara de Direito Privado, AI n. 2140064-36.2017.8.26.0000. Rel. Sérgio Shimura. DJe. 27/09/2017.

SÃO PAULO. TJ-SP, 23ª Câmara de Direito Privado, AI n. 2176596-09.2017.8.26.0000. Rel. José Marcos Marrone. DJe. 19/09/2018.

SÃO PAULO. TJ-SP, 24ª Câmara de Direito Privado, AI n. 2026831-27.2018.8.26.0000. Rel. Jonize Sacchi de Oliveira. DJe. 29/06/2018.

SÃO PAULO. TJ-SP, 24ª Câmara de Direito Privado, AI n. 2108439-81.2017.8.26.0000. Rel. Jonize Sacchi de Oliveira. DJe. 27/02/2018.

SÃO PAULO. TJSP, 24ª Câmara de Direito Privado, AI n. 2132269-08.2019.8.26.0000. Rel. Des. Jonize Sacchi de Oliveira. DJe. 30/07/2020.

SÃO PAULO. TJSP, 25ª Câmara de Direito Privado, AI n. 0099029-72.2013.8.26.0000. Rel. Des. Sebastião Flávio. DJe. 11/08/2013.

SÃO PAULO. TJSP, 26ª Câmara de Direito Privado, AI n. 2244902-25.2020.8.26.0000. Rel. Des.Vianna Cotrim. DJe. 26/10/2020.

SÃO PAULO. TJ-SP, 26ª Câmara de Direito Privado, AI n. 2209792-62.2020.8.26.0000. Rel. Vianna Cotrim. DJe. 06/10/2020.

SÃO PAULO. TJSP, 27ª Câmara de Direito Privado, AI n. 2267367-28.2020.8.26.0000. Rel. Alfredo Attié. DJe. 15/03/2021.

SÃO PAULO. TJSP. 29ª Câmara de Direito Privado. AG n. 1198103- 0/0. Rel. Des. Pereira Calças. DJe. 10/12/2008.

SÃO PAULO. TJ-SP, 29ª Câmara de Direito Privado, AI n. 2265981-94.2019.8.26.0000. Rel. Neto Barbosa Ferreira. DJe. 25/03/2021.

SÃO PAULO. TJSP, 30ª Câmara de Direito Privado, AI n. 2087436-65.2020.8.26.0000. Rel. Maria Lúcia Pizzotti. DJe. 26/01/2021.

SÃO PAULO. TJ-SP, 30ª Câmara de Direito Privado, AI n. 2259506-25.2019.8.26.0000. Rel. Maria Lúcia Pizzotti. DJe. 20/02/2020.

SÃO PAULO. TJ-SP, 31ª Câmara de Direito Privado, AI n. 2188007-44.2020.8.26.0000. Rel. Rosangela Telles. DJe. 07/04/2021.

SÃO PAULO. TJ-SP, 33ª Câmara de Direito Privado, AI n. 2168590-08.2020.8.26.0000. Rel. Ana Lucia Romanhole Martucci. DJe. 20/08/2020.

SÃO PAULO. TJ-SP, 33ª Câmara de Direito Privado, AI n. 2196334-75.2020.8.26.0000. Rel. Ana Lucia Romanhole Martucci. DJe. 05/11/2020.

SÃO PAULO. TJ-SP, 34ª Câmara de Direito Privado, AI n. 2203428-11.2019.8.26.0000. Rel. L. G. Costa Wagner. DJe. 20/02/2020.

SÃO PAULO. TJSP, 35ª Câmara de Direito Privado, AC n. 9134383-15.2007.8.26.0000. Rel. Des. Manoel Justino Bezerra Filho. DJe. 23/09/2010.

SANTOS, Enoque Ribeiro dos. "Responsabilidade de ex-sócios e administradores no âmbito trabalhista". *Revista LTr*: legislação do trabalho: publicação mensal de legislação, doutrina e jurisprudência. Ano 77, setembro. São Paulo: LTr, 2013.

SILVA, De Plácido e. *Vocabulário Jurídico*. 22ª ed. Rio de Janeiro: Forense, 2003.

SOUSA, Marcos Andrey de. *A constrição de quota de sociedade empresária limitada*. Tese de Doutorado em Direito das Relações Sociais pela Pontifícia Universidade Católica de São Paulo. São Paulo, 2009. Disponível em: http://www.dominiopublico.gov.br/download/teste/arqs/cp099248.pdf. Acesso em 08 abr. 2014.

TEPEDINO, Gustavo; CAVALCANTI, Laís. "Notas Sobre as Alterações promovidas pela Lei n. 13.874/2019 nos artigos 50, 113 e 421 do Código Civil". *In*: SALOMÃO, Luis Felipe; CUEVA, Ricardo Villas Bôas; FRAZÃO, Ana (Coord.). *Lei de Liberdade Econômica e seus impactos no Direito Brasileiro*. 1ª ed. São Paulo: Thomson Reuters Brasil, 2020.

THEODORO JÚNIOR, Humberto. "A desconsideração da personalidade jurídica no Direito Processual Civil Brasileiro". *In*: YARSHELL, Flávio Luiz. PEREIRA, Guilherme Setoguti J. (Coord.). *Processo Societário*. São Paulo: Quartier Latin, 2012.

TOMAZETTE, Marlon. *Curso de Direito Empresarial*: teoria geral e ireito ocietário, vol. 1, 6ª ed. São Paulo: Atlas, 2014.

VERÇOSA, Haroldo Malheiros Duclerc. *Direito comercial*, vol. 2 3ª ed. São Paulo: Revista dos Tribunais, 2014.

VIANA, Juvêncio Vasconcelos; MONTEIRO, Arthur Maximus. "Desconsideração da Personalidade Jurídica no Projeto do Novo Código Comercial". *In*: COELHO, Fábio Ulhoa; LIMA, Tiago Asfor Rocha; NUNES, Marcelo Guedes (Coord.). *Reflexões sobre o Projeto de Código Comercial*. São Paulo: Saraiva, 2013.

WALD, Arnoldo. "Da aplicação da teoria da desconsideração da personalidade jurídica pelo Superior Tribunal de Justiça: comentários ao acórdão no REsp 693.235/MT (rel. Min. Luis Felipe Salomão, DJe 30.11.2009)". *In*: FRAZÃO, Ana; TEPEDINO, Gustavo (Coord.). *O Superior Tribunal de Justiça e a reconstrução do direito rivado*. São Paulo: Revista dos Tribunais, 2011.

WARDE JÚNIOR, Walfrido Jorge. *Responsabilidade dos sócios*: a crise da limitação e a teoria da desconsideração da personalidade jurídica. Belo Horizonte: Del Rey, 2007.

WORLD BANK GROUP. *Doing Business in 2020*: Economy Profile of Brazil. Disponível em: https://www.doingbusiness.org/content/dam/doingBusiness/country/b/brazil/BRA.pdf. Acesso em 30 nov. 2020.

WORMSER, Maurice. *Piercing the veil of Corporate Entity*. 12 Colum. L. Rev. 496, 1912. Disponível em: http://heinonline.org/HOL/LandingPage?handle=hein.journals/clr12&div=44&id=&page=. Acesso em 28 jan. 2014.

YEUNG, Luciana L. "Friedrich Hayek, Liberdade Econômica, a MP e a Lei da Liberdade Econômica: Por que é necessária?". *In:* SALOMÃO, Luis Felipe; CUEVA, Ricardo Villas Bôas; FRAZÃO, Ana (Coord.). *Lei de Liberdade Econômica e seus impactos no Direito Brasileiro*. 1ª ed. São Paulo: Thomson Reuters Brasil, 2020.

A Editora Contracorrente se preocupa com todos os detalhes de suas obras! Aos curiosos, informamos que este livro foi impresso no mês de novembro de 2021, em papel Pólen Soft 80g, pela Gráfica Grafilar.